授業づくりサポートBOOKS

授業の腕をあげる ちょこっとスキル

髙橋 朋彦・古舘 良純 著

明治図書

はじめに

「授業が楽しいですか？」
私は，3年目頃まで，正直言って授業が苦痛でした。
毎日夜遅くまで授業を考えます。時には12時を回ることも……。
しかし次の日，待っているのは上手く流れない授業。
「昨日の努力はなんだったんだ？」
なかなか上手くいかず，落ち込む日々です。

　研究授業はもちろんのこと，日々の授業を参観してもらったり，板書の写真や授業の動画を見直したりし，とにかく授業力の向上に努めました。
　その中で，大きなことに気づいてしまったのです。
　わかりやすい授業。それは，次の3つのポイントが大切だったのです。
　　①授業のねらい
　　②授業の指導内容
　　③授業者の伝え方の技術
　私は今まで，①と②ばかりにこだわっていました。しかし，どんなに「ねらい」を理解しても，「指導内容」を工夫しても，伝え方が上手くなければ授業は理解してもらえませんでした。「③授業者の伝え方の技術」に気づいてから授業が変わりました。子どもに伝えたいことが伝わるようになったのです。

　メラビアンの法則をご存知でしょうか？　話し手が聞き手に与える影響力について研究され，提唱された法則です。人の行動が他人にどのように影響を及ぼすかという実験の結果から，
　・言語情報（話の内容）……………………… 7％
　・聴覚情報（口調や話の速さ）………………38％
　・視覚情報（見た目・表情・動作など）………55％

ということが明らかになったそうです。言語情報だけでは，たったの7％しか伝えることができないのです。
　つまり，指導のねらいや内容を追求する以外にもわかりやすい授業にするためのポイントがあるのです。
　本書には，視覚や聴覚に訴える以外にも子どものモチベーションを上げたり，授業の準備や反省をしたり，子どものアウトプットを引き出したりする，知っているだけで誰でもできる「ちょこっとスキル」が満載です。
　この，「ちょこっとスキル」を身に付けるだけで，授業者の伝えたかったことが，より確実に子どもに伝わるようになります。そうすると，子どもから，「先生の授業，わかりやすい！」とか，「今日の授業，楽しかった！」さらには，「先生のおかげで，勉強が好きになった！」なんて声が聞こえてくるようになります。教室に笑顔が増え，教師も授業が楽しくなります。
　子どもも教師も授業が楽しくなる「ちょこっとスキル」を私たちと一緒に学んでみませんか？

　本書は，読者のみなさんに，すぐに活用していただけるよう，次のようなページ構成になっております。
　■こんなことありませんか？（授業の課題）
　■スキルの使用例（具体的場面）
　■画像（場面の解説）
　■ちょこっとスキル（具体的な手立て）
　■なんのためのスキル？（ねらい）
　読者のみなさんが，一生懸命に考えた授業がより充実したものになるよう，少しでもお手伝いができたらと思っています。本書を通して一緒に学んでいきましょう。どうぞよろしくお願いいたします。

髙橋　朋彦

CONTENTS

はじめに　2

第1章　授業の腕をあげる3つのポイント　7

❶　教師が授業を楽しもう　8
❷　スキルを使ってみよう　9
❸　意識して実践し，振り返ろう　11

第2章　授業の腕をあげる「ちょこっとスキル」60　13

「指示・説明」スキル

❶　子どもを注目させる「黒板コツン」　14
❷　指示・説明に緊張感を持たせる「1回しか言いませんよ」　16
❸　聞く雰囲気を数値で伝える「良い耳メーター」　18
❹　楽しく確認させる「指示・説明クイズ」　20
❺　言葉を定着させる「ポイント復唱」　22
❻　指示をいつでも確認させられる「指示の見える化」　24
❼　目と耳で聞かせる「『体』話術」　26
❽　指示した内容に目的を持たせる「価値の見える化」　28

「発問」スキル

❾　突発的な発言も授業につなげる「なぜ？どうして？」　30
❿　考えをつなげて深めさせる「どういうこと？」「何て言った？」　32
⓫　子どもと疑問を共有する「教師のとぼけ」　34
⓬　発問の効果を高める「ジェスチャー」　36
⓭　考える雰囲気を楽しくさせる「教師のワクワク感」　38
⓮　クイズ感覚で考えさせる「問題です！ジャジャン♫」　40

⑮ 子どもの思考を保障する「発問の後の間（ま）」 42

「話させる・対話させる」スキル

⑯ 立場を決めさせる「ノートに○×を書く」 44
⑰ 心を対話に向かわせる「よろしくお願いします」 46
⑱ 相手の意見を大切にさせる「あいづちの練習」 48
⑲ 相手の意見を受け入れ，反論させる「オブラート返し」 50
⑳ 安心感を持って発表させる「発表の台本」 52
㉑ 対話の前に練習させる「エアー説明」 54
㉒ 子ども同士のやりとりを促す「教師の繰り返し禁止」 56
㉓ ねらいに沿った対話をさせる「オリジナル枕詞」 58
㉔ 小黒板・画用紙を使わせる「考えの作戦基地」 60
㉕ 気持ちを寄せて対話させる「頭の距離は心の距離」 62

「板書」スキル

㉖ 考えを整理する「黒板のフォーマット」 64
㉗ 子どもの目線で確認する「板書の構造」 66
㉘ 意識すれば変わる「板書で美文字」 68
㉙ 活用方法が広がる「チョークポキン」 70
㉚ 一目でポイントを押さえる「オリジナルマーク」 72
㉛ 子どもの意見で授業をつくる「黒板の開放」 74
㉜ 書き込みながら説明できる「黒板にプロジェクター」 76

「ノート指導」スキル

㉝ パターン化させる「ノートのフォーマット」 78
㉞ 思考を整理させる「線引きの多用」 80
㉟ 思考の過程を残させる「消しゴムは使わない」 82
㊱ たくさん文章を書かせる「質より量」 84
㊲ ノートの質を向上させる「楽しく点数化」 86
㊳ 子どもの考えを引き出す「ふきだし法の活用」 88

㊴ 基礎学力を高める「学びの5ステップ」 90

「机間指導・立ち位置」スキル

㊵ 子どもの動きを確認しやすい「教室の立ち位置」 92
㊶ 子どものよさに近づく「立ち歩き」術 94
㊷ さりげなくヒントを与える「大きなつぶやき」 96
㊸ 丸をたくさん付ける「ポケットに赤ペン」 98
㊹ 白紙で教える「何でもヘルプカード」 100
㊺ 教えながらスキンシップできる「子どもの鉛筆を借りる」 102
㊻ 机間指導しながら組み立てる「授業作戦メモ」 104
㊼ 子ども主体の空気をつくる「教師すみっこ計画」 106

「授業の手法」スキル

㊽ 温かい雰囲気が生まれる「拍手の多用」 108
㊾ 授業をよい雰囲気にする「天才丸付け！」 110
㊿ 学習進度が一目でわかる「ネームプレートの活用」 112
㉛ 考えの交流ができる「ミニ先生術」 114
㉜ 子どもが自分で丸付けできる「教師用教科書の公開」 116
㉝ 座学が苦手な子も安心できる「お散歩タイム」 118
㉞ より多くの考えに触れさせる「自由な立ち歩き」 120
㉟ 対話的な学びを個人の学びにできる「振り返り」の仕方 122

「授業力UP」スキル

㊱ 指導内容を整理する「今日のポイント」 124
㊲ 1日の授業の見通しをもつための「教卓に教科書の山」 126
㊳ 板書の技術を向上させるための「板書の撮影コレクション」 128
㊴ 客観的に授業を振り返られる「授業の動画で反省」 130
㊵ 自己満足で終わらせないための「ミニ授業公開」 132

おわりに 134

第1章

授業の腕をあげる
3つのポイント

教師が授業を楽しもう

「全然楽しそうじゃない」「全くやろうとしない」「すぐに諦める」
　そんな子を見ると，なんだか教師として申し訳ない気持ちになります。しかし，クラスみんなのために良い授業をしたいという前向きな気持ちは，教師ならどなたでも持っていると思います。
　良い授業をするための方法……
　それは，「教師が授業を楽しむこと」です。
　みなさんは，教師が楽しく授業をしていると，子どもも楽しそうに授業を受けていた。そんな経験はありませんか？

　教師の感情が子どもに伝わるのは，「ミラーニューロン」という脳細胞のおかげです。「ミラーニューロン」は，共感をつかさどる神経細胞と言われています。相手の行動や言葉などから，自分が体験したように感じ，相手に共感することができます。
　つまり，教師が授業を楽しいと感じると，子どもはそれを共感して楽しく感じるようになります。逆に，教師がつまらないと感じていると……。もし，目の前の子が楽しそうじゃない時，教師自身が楽しんでいないのかもしれませんね。

　だからこそ，子どものためにもまずは教師が授業を楽しみましょう！　教師が授業を楽しむことで，子どもも授業を楽しめるようになります。「ちょこっとスキル」を通して，みなさんが「授業が楽しい！」と感じるお手伝いができたら幸いです。

スキルを使ってみよう

　初任の頃,「見ているだけでも楽しい！」「子どもたちが先生のペースに引き込まれている！」と思う授業にたくさん出会いました。「自分もやってみたい！」とワクワクしました。同時に,「どうやったらああなるのだろう？」「どんな裏技が隠されているのだろう？」と考えました。

　研究授業を見た翌日は,張り切って,楽しみながら授業をするようになっていました。テンションをあげてみました。声を張ってみました。冗談や笑いを取り入れ,たくさん笑顔をつくってみました。子どもたちが楽しめるように,子どもたちと楽しむために……。

　しかしどこか,憧れていた先輩方の授業と離れていくような,何かが噛み合っていないようなもやもや感が心を覆っていました。

「どうやったらああなるのだろう？」
「どんな裏技が隠されているのだろう？」

　考え続けるうちに,「自分にはなくて,先輩方にあったもの」に気づきました。それは「スキル」でした。授業の中には,学習指導案には書かれることのない「ちょこっとしたスキル」がたくさん散りばめられていたのです。

　「見ていて楽しいな」と思った授業の後,先輩から話を伺うと,「あの時はね,子どもたちがポカーンとしてたから……」や「あの場面は,授業の中心になる部分だったのに集中力が欠けていたから……」など,子どもたちの様子を瞬時に読み取り,その状況に合わせてスキルを発動していることを教えていただきました。

第1章　授業の腕をあげる3つのポイント

それから私は，先輩方が授業で使う「ちょこっとしたスキル」を学ぶことが楽しみになりました。
　授業が上手い先生は，「スキル」を活用して知的な時間を生み出しています。子どもたちを自然に学びに向かわせ，理解させるための指導技術を持っています。そして何より，「スキル」を活用し，楽しそうに授業をしています。私は，その先輩のように「スキル」を活用することで，授業を楽しめるようになりました。そして，私が楽しめるようになると，子どもも授業で生き生きとしてきました。

　現在の学校現場では，学級の全員がきちんと席に座り，45分間黙って授業を受けることが難しくなっています。学級内の学力差も大きく，一斉指導だけの授業展開で1時間を乗り切ることは容易ではありません。だからこそ，我々教師はスキルを身に付け，実態に応じて発動できるスキルに高める必要があります。

　授業でスキルを使うことは，教師が持つ子どもたちへの願いを形にすることです。「スキルばかりで願いなし」は，教師の自己満足の授業です。しかし，「願いばかりでスキルなし」では，子どもたちの「わかる・できる」にはつながりません。だからこそ，「願いを持ったスキル」を身に付けたいのです。

　さあ，「ちょこっとスキル」を使ってみましょう！

意識して実践し，振り返ろう

　スキルとは，一体どういったものなのでしょうか。大辞林（第三版）には，次のように記されています。

①訓練や経験などによって身につけた技能。
②ある人が有している力量や技術。腕前。熟練。

　ここからわかるように，スキルはすぐに身に付くものではありません。実践を積み重ねることで初めて身に付けることができます。
　スキルには，次のような段階があると考えています。

第1段階	…	スキルを知っているだけの状態
第2段階	…	スキルを意識しているが，上手く使えない状態
第3段階	…	スキルを意識して，上手く使える状態
第4段階	…	スキルを意識せずに，上手く使える状態

　第1・2段階と，どちらも上手く使えていない状態です。つまり，初めからスキルを上手く使えるわけではないのです。第3段階へとレベルアップすることで，初めて上手く使えるようになってきます。そして，実践を積み重ねることで第4段階へレベルアップし，意識せずとも自然とスキルを使えるようになります。

　本書を読むことで，第1段階の状態まで身に付けることができます。しか

し，この段階ではスキルを使いこなせているとは言えません。つまり，役に立つ状態ではないということです。
　有効に使いこなせるようになるには，実践を積み重ねるしかないのです。
　では，具体的にどのように実践を積み重ねたらよいのでしょうか？
　それは，

「意識して実践し，振り返る」です。

　本を読んでなんとなく実践すると，上手くいかないことがほとんどです。そして，「私には合ってない方法だったんだ」と判断してしまい，学びがなかったことになってしまいます。

　どんな実践でもそうですが，「意識して実践し，振り返る」ことで，初めて有効な実践にすることができるのです。
　さらに，「意識して実践し，振り返る」ことを続けることによって，自分オリジナルの実践が生まれることがあります。自分で生み出した実践は，生涯を通して自分を助けてくれる，最高の力になってくれます。
　この「ちょこっとスキル」は，私たちが意識して実践し，振り返ったことによって生まれた実践もたくさんあります。私たちの教師人生を助けてくれる，貴重な実践となりました。

　「意識して実践し，振り返る」ことで授業をレベルアップさせることができます。
　皆さんも，「意識して実践し，振り返る」ことで，「スキル」を自分のものにしてみませんか？

第2章

授業の腕をあげる
「ちょこっとスキル」60

子どもを注目させる「黒板コツン」

💧 こんなことありませんか？

　「教師が話を始めても何かざわついた雰囲気がある」「話の内容を全く理解しない」そんなことはないでしょうか？　関係ない方向を見ていたり，手いたずらをしていたり，おしゃべりをしていたり……。

　その原因として，教師が話していることに子どもが気づいていないことがあげられます。そんな時に，パッと注目を集めるためのスキルです。

　大きな声で「聞いているか？」「こっちを向きなさい」と怒鳴ったり叱ったりしては子どもの心は一層離れてしまいます。

♥ スキルの使用例

　算数で，子どもが計算の仕方を理解できていない様子でした。説明しようとしましたが，集中力が散漫です。あっちを見たり，こっちを見たり……。これでは説明ができません。

　そこで，このスキルを発動。

　「これ見て。（コツン！）」と，黒板で音を鳴らしてキメました。

　子どもの視線が一気に黒板に集まり，集中した雰囲気を作り，説明することができました。

ちょこっとスキル

❶ 指を黒板にあてて,「コツン」と音を鳴らす。
❷ 背中は黒板につける。
❸ 「こそあど言葉」を使って黒板を指す。

💬 なんのためのスキル？

- 自然な雰囲気で黒板に注目させるため。
- 視覚と聴覚で話を聞かせるため。

スキル2 指示・説明

指示・説明に緊張感を持たせる「1回しか言いませんよ」

♦ こんなことありませんか？

「今から，班ごとに机を合わせて話し合ってもらいます。机を合わせたら，一人ホワイトボードとペンを取りに来てください。それで，それぞれの考えをまとめて書きます。10分後に発表してもらうので，発表者を決めておいてくださいね。はい，どうぞ。」と指示をした時に，言い終わる前に机を動かし始める子，いませんか？

結局，気の利く子が動いて班活動が始まる。ザワザワした状況に便乗して「先生，聞いてませんでした！」と聞きに来る子がいる。「だからね……。」とため息をつきながら何度も同じ話を繰り返す。そんなこと，ありませんか？

♥ スキルの使用例

あらかじめ，いくつの指示を出すか示した上で，話をするようにします。見通しをもって聞かせるためです。「一回で済んだら，先生もみんなも楽」という感覚を養っていきます。

① 「5つの手順を言うのでしっかりと聞きましょうね。」「1回しか言いません。」と笑顔で言う。
② 教卓をまっすぐに整える。話す空気を作るために整えていく。
③ 「1回しか言いません。聞いていない人は友達に聞いてください。」
と言うことで，「2度と言わない」という緊張感を出すことができます。

指示・説明

ちょこっとスキル

① 「1回しか言わないよ」「1回しか言いません」と笑顔で伝える。
② ルーティンとして，教卓を整える。話を聞き合う空気を作る。
③ 「聞いていない人は友達に聞いてね」と付け加える。

💬 なんのためのスキル？

- 一度の指示で，全員が指示された内容を理解するため。
- 話を聞いていなくても，友達に聞き，助けてもらえる関係性を築かせるため。

スキル 3　指示・説明

聞く雰囲気を数値で伝える「良い耳メーター」

♦ こんなことありませんか？

　「子どもたちの聞く意識が高まっていないのに話をしてしまい，話す内容をうまく伝えられなかった」「聞く意識を高めたいのに，うまく高められなかった」そんなこと，ありませんか？
　聞く意識が高まらない理由，それはどのくらい聞けている状態なのかを子どもに認識させられていないからです。そんな時は，聞けているかどうかを「見える化」することで，自分たちの聞けている状態がどのくらいか認識させることができます。

♥ スキルの使用例

　朝の会で1日の予定を伝えていました。しかし，落ち着かない雰囲気で話を全く聞いていません。これでは予定を伝えられないので，子どもたちは見通しをもって行動することができません。
　話を中断し，ざわざわしている時にこのスキルを発動。良い耳メーターの近くに行き，聞けているレベルを下げました。聞けていないことを特に注意はしません。しかし，子どもたちに聞く雰囲気が生まれました。
　1時間目の途中になっても聞く雰囲気が保たれたままでした。そこで，良い耳メーターのレベルを上げました。すると，子どもたちはとても嬉しそうにし，聞くことを続けることができました。

指示・説明

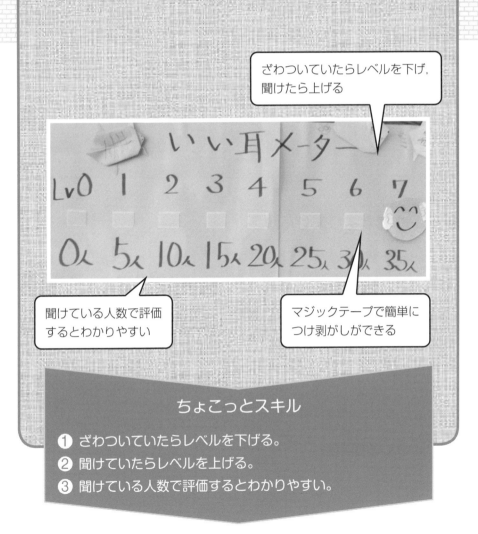

ざわついていたらレベルを下げ，聞けたら上げる

聞けている人数で評価するとわかりやすい

マジックテープで簡単につけ剥がしができる

ちょこっとスキル

① ざわついていたらレベルを下げる。
② 聞けていたらレベルを上げる。
③ 聞けている人数で評価するとわかりやすい。

💬 なんのためのスキル？

- 子どもの聞く意識を見える化するため。
- 叱らずに聞く意識を高めるため。

【参考文献】多賀一郎『全員を聞く子どもにする教室の作り方』黎明書房

楽しく確認させる「指示・説明クイズ」

♦ こんなことありませんか？

　指示・説明をする場面は，1日の中で何度もあります。また，子どもたちには「返事をしっかりしよう」と指導しているので，話をするたびに「はい！」と返事が返って来ます。

　しかし，「返事をしたはずなのにやっていない……」「あれ？さっきの返事はなんだったの？」なんて場面はありませんか？子どもたちは，「……してください！」「……します！」のような，文の語尾だけを聞き取り，反射的に返事をしている場合があります。

♥ スキルの使用例

　活動の指示をしようとしました。しかし，子どもたちは教師の話を流して聞いているように感じました。そこで，このスキルの発動。

①「鍵盤ハーモニカで上のパートを練習します。時間は10分です。3人組で練習しなさい。場所は，教室でも多目的室でも構いません……。」

②「はい！隣の人に，今いくつの指示があったか聞きましょう。『いくつ話しましたか？それはどんな内容ですか？』クイズをどうぞ！」

③「いくつあったか指で数えて答えなさい。」と付け加える。

指示・説明

ちょこっとスキル

① 「いくつ話しましたか？」「それはどんな内容ですか？」と聞く。
② 「隣の人にクイズを出しましょう！」と対話させる。
③ 「指で数えながら答えてごらん」と促し，確実にクイズに参加させる。

💬 なんのためのスキル？

- クイズをさせることで，油断せずに話を聞く態度を育てるため。
- ゲーム感覚で楽しみながら友達との関係性を築かせるため。

第2章 授業の腕をあげる「ちょこっとスキル」60

言葉を定着させる「ポイント復唱」

♦ こんなことありませんか？

　教師の話をよく聞いていると思ったので，授業を進めます。しかし，次第に子どもたちの顔はくもってきました。そこで，話した内容を確認したら全く理解していませんでした。そんなこと，ありませんか？
　それは，静かに授業を受けているだけで，参加していない状態だったのです。授業のポイントを声に何度も出させることで，授業に参加する雰囲気が生まれ，言葉を定着させることができます。

♥ スキルの使用例

　社会の歴史の授業で，聖徳太子の定めた冠位十二階や十七条の憲法について説明しました。しかし，子どもの頭に入っていない様子。
　そこで，このスキルを発動。
「先生と同じことを言いましょう。」
（教師）「冠位十二階，ハイ」→（子ども）「冠位十二階」
（教師）「十七条の憲法，ハイ」→（子ども）「十七条の憲法」
　教師の説明の中で，覚えさせたい単語を何度も言わせました。すると，聞く雰囲気が生まれ，言葉を覚えられました。

ちょこっとスキル

❶ 覚えさせたい単語が出たらすかさず「(覚えさせたい単語)ハイ」
❷ 教師の「ハイ」の後に子どもは単語を繰り返す。
❸ 状況に応じて、何回も繰り返すと効果的。

🗨 なんのためのスキル？

- 子どもを授業に参加させるため。
- 覚えさせたい言葉を覚えさせるため。

【参考文献】中村健一『策略―ブラック授業づくり』明治図書

指示をいつでも確認させられる「指示の見える化」

💧 こんなことありませんか？

「子どもに指示したのに，すぐに動かない。」「きちんと話したのに，何度も聞かれてしまう。」1つの指示を2回も3回も繰り返してしまうこと，ありませんか？

耳で聞いただけでは，聞いた内容はすぐに頭から抜けてしまいます。大人だってそうです。だからこそ，黒板に指示を書き，いつでも振り返られるようにしましょう。

♥ スキルの使用例

社会科の時間の時のことです。教科書を読んで，わかったことをノートに書いた後にグループで話し合い，代表者が発表するように伝えました。しかし，子どもは指示通りに動けません。

そこでこのスキルを発動。指示内容を言いながら板書しました。
　　①教科書を読む　　　②わかったことをノートに書く
　　③グループで話し合う　④代表者が発表する
子どもは黒板を見ながら，スムーズに活動することができました。

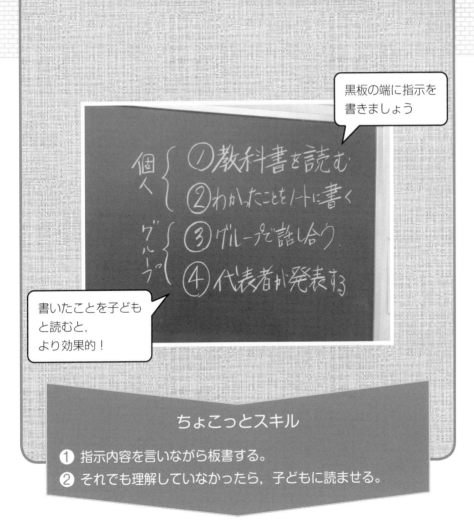

指示・説明

黒板の端に指示を書きましょう

書いたことを子どもと読むと，より効果的！

ちょこっとスキル

① 指示内容を言いながら板書する。
② それでも理解していなかったら，子どもに読ませる。

💬 なんのためのスキル？

- 指示を見える化するため。
- いつでも指示を振り返られるようにするため。

目と耳で聞かせる「『体』話術」

スキル 7 　指示・説明

🌢 こんなことありませんか？

　子どもたちに説明が伝わらない時，教師の「両手」がどこに置かれているか意識したことはありますか？私が気づいた時には，両手は教卓かズボンのポケットが定位置でした。つまり，子どもたちに「声だけ」で説明を伝達し，「耳だけ」で聞き取らせていたのです。当然，説明は伝わりにくくなります。

　そんな時は，言葉の説明にジェスチャーを付け加えましょう。教師の話の句読点ごとにジェスチャーを加えることで，より説明が伝わるようになります。

♥ スキルの使用例

　国語の話し合いの時のことです。子どもの意見を整理します。声だけでは伝わらないので，このスキルを発動。

　「ハイタッチ」をする感じで「手」を準備します。句読点のタイミングで手を動かします。

　「Aのグループは，①ここに書かれているように考えたんだね。②それで，③そっちの反対のグループは，④反対意見を出したんだよね。⑤だから今，⑥どっちなんだろう？って，⑦話し合いが盛り上がっているんだね。」

　このように，①～⑦のタイミングで手を動かします。これだけで話に動きが出てきます。

指示・説明

ちょこっとスキル

❶ 句読点ごとに，手を動かす。
「〜だから（スパン），〜で，（スパン），〜こうなります（スパン）。」
❷ 「こそあど言葉」がある時に使うと，より効果的。
❸ 手を「上から下」や「右から左（子どもから見て左から右）」に移動させながら①と②を絡め，話の「流れ」を示す。

💬 なんのためのスキル？

✓ 視覚と聴覚で話を聞かせるため。

指示した内容に目的を持たせる「価値の見える化」

♦ こんなことありませんか？

　教師の指示に素早く反応した子に、「えらい！」「素晴らしい！」と声をかけました。しかし、子どもには何がよいのか伝わっていない様子でした。
　そんな時は、声かけにプラスして、行動の価値を板書しましょう。価値を見える化することで、子どもが自分のとった行動のよさを実感することができます。さらに、周りの子にもその行動のよさが伝わるので、他の子どもたちにもよい影響を与えることができます。

♥ スキルの使用例

　黒板の左側に「価値を見える化」するためのスペースを意識して確保します。
　「書きましょう」という指示の後に、素早く書き始めた子を取り上げ、「速い！メリハリがついてるね！」と言って、黒板に「メリハリをつける」と書きました。
　その子は、その後もメリハリをつけた行動をし続けました。
　隣の子がメリハリ行動をした時にすかさず、
　「すごい！○○くんもメリハリ行動ができてる！」
　と板書を指差し、価値付けしながらほめました。
　クラスにメリハリのついた行動が広がり、授業が活発になりました。

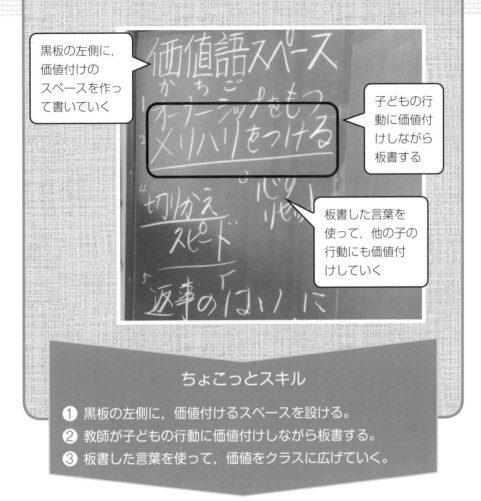

ちょこっとスキル

① 黒板の左側に、価値付けるスペースを設ける。
② 教師が子どもの行動に価値付けしながら板書する。
③ 板書した言葉を使って、価値をクラスに広げていく。

🗨 なんのためのスキル？

- ✓ マイナスの言葉で注意せず、プラスの行動を引き出すため。
- ✓ 望ましい学習規律や参加態度を、学級全体に広げるため。

【参考文献】菊池省三，本間正人，菊池道場『価値語100ハンドブック』中村堂

突発的な発言も授業につなげる「なぜ？どうして？」

♦ こんなことありませんか？

　教師の発問に対して，「期待していた答え以上のものが返ってきてしまった」「その答えは授業で話し合わせたかったのに，どうしよう？」など，突発的な子どもの発言にうろたえてしまい，授業をうまく流せなかったこと，ありませんか？
　このスキルを使えば，教師の期待していた答えや答えを知っている子の意見を活用し，授業に生かすことができます。

♥ スキルの使用例

　4年生の長方形の面積を求める学習の時のことです。黒板に長方形の図を貼った瞬間に，ある子どもが，
　「長方形の面積の求め方は，たて×よこだよ！」
と言ってしまいました。他の子は，答えまで言ってしまいました。しかし，半分の子は取り残されている様子です。そこで，このスキルを発動。
　「どうして，たて×よこになるんだろう？」
　子どもたちは静まり返りました。
　「よし，じゃあ今日の学習はたて×よこになる理由をみんなで考えよう！」
　子どもの勝手な発言を逆手に取り，学習問題づくりにつなげられました。

ちょこっとスキル

① 子どもの勝手な発言に、「なぜ？どうして？」と聞く。
② クラス全体が、曖昧になるまで聞き続ける。
③ やりとりが終わったら、「よし、みんなで考えていこう！」と言い、学習につなげる。

💬 なんのためのスキル？

- 突発的な発言を自然な雰囲気で授業につなげるため。
- 子どもの発言で授業を作るため。

考えをつなげて深めさせる
「どういうこと？」「何て言った？」

♦ こんなことありませんか？

　子どもに自分の考えを発表してもらった時，期待していた発表が来たからそのまま板書して進んでしまうこと，ありませんか？
　しかし，それでは発表していない子の力をつけることはできません。そこで，発表していない子に力をつけるのがこのスキル。発表者の考えや，その答えになった理由を発表者以外に聞いたり，教師とやりとりしたり，隣と確認したりして力をつけていきます。

♥ スキルの使用例

　A君の発表は，教師の期待した通りの発表でした。板書して，次に進もうとした時のことです。周りを見渡すと，伝わっていない様子。
　そこで，このスキルを発動。
　「A君の言ってたこと，どういうこと？」と周りに聞きました。
　しばらくシーンとしていましたが，Bさんだけが答えられました。
　「Bさんは，何て言ってた？」とまた周りに聞きました。
　このやりとりを繰り返すことで，A君の発表を理解することができました。

発問

ちょこっとスキル

❶ 発表後に「どういうこと?」と周りに聞く。
❷ 答えられた子の意見に対して、さらに周りに「なんて言ってた?」と聞く。
❸ 教師とのやりとりができる子が増えるまで①②を交互に続ける。

💬 なんのためのスキル?

✓ 発表内容を発表していない子に理解させるため。
✓ 発表を聞く雰囲気をつくるため。

子どもと疑問を共有する「教師のとぼけ」

♦ こんなことありませんか？

　授業研の後，協議会の様子です。「先生主導で授業が進んでいきましたね。もっと切り返したり，問い返したりしながら……」と，授業がスーっと流れたようなことを指導されます。翌日，指導されたように，子どもたちに切り返してみます。しかしなぜか，教室の空気感が冷たくなっていくような感覚になります。

　それは，教師の「考えさせなければ！」という思いが強すぎたからです。そんな時は，教師が子どもの発言に対してとぼけることで，一緒に考える雰囲気をつくることができます。

♥ スキルの使用例

　道徳の時間です。「ミスをしてしまった店員」を許すことができない子どもが意見を出しました。あまりの正論に，周りの子どもたちも納得しています。そんな時，黒板（もしくは天井）に向かって「教師のとぼけ」を発動します。顎に手をつけて（「考える人」のように），「あ～，なるほどねえ……。でもなあ……。」とつぶやきます。すると，子どもたちの中に「あれ？」という瞬間を生み出すことができます。

　子どもに面と向かって切り返すと，子どもたちは緊張します。相対する関係ではなく，一緒に疑問を共有する協同関係を築くのです。

ちょこっとスキル

① 目線を黒板または，天井に向ける。
② 顎に手をつける。※腕組みをしたり，額に手を当てるのもあり！
③ つぶやくように「あ～，なるほど。でもなあ……」などとブツブツ言う。

💬 なんのためのスキル？

- 子どもたちに，自然と再考させるため。
- 子どもと教師が一緒に考える雰囲気をつくるため。

発問の効果を高める「ジェスチャー」

♦ こんなことありませんか？

「じゃあ，こういう時はどっちを選びますか？」という道徳のワンシーンがあります。モラルジレンマ的な問いで，選択を迫られる時です。

子どもたちは，先生から問いを与えられているにも関わらず，少し緊張して聞き取れない場合があります。または，聞かれている内容がうまく伝わらず，何をどうしてよいか迷っています。「だからね，え～と……」と再度問い直しますが，いまいち子どもとの間で共通認識が図れない。そんなこと，ありませんか？

♥ スキルの使用例

道徳の終盤でした。「本当の友達とは？」という問いに対し，子どもたちから「友達だから本音で言える」「本音で言えるから友達」という，2つの解釈が出されました。みんなで数回読んでみたものの，子どもたちにはまだ，ピンときていない様子でした。そこで，右手を「友達だから本音で言える」，左手を「本音で言えるから友達」とし，2つを比較するように前に出して見せました。そして，2つを交互に上下させながら，「友達だから本音で言える」「本音で言えるから友達」と読みました。

どちらの価値を高く置くのか。みんなは「こうなのか？ こうなのか？」と可視化することで，子どもたちの思考を活性化させました。

発問

ちょこっとスキル

① 対比させたい時に、両手を使って上下させる。
② どっち？ と聞きながら、左右の手をチェンジする。
③ 肩も使って、比重を示すとより効果的。

🗨 なんのためのスキル？

- ✓ 「どちらかを選ぶ」という行為を上下や比重で示し可視化するため。
- ✓ 子どもたちが、発問に対する答えを選びやすくするため。

スキル 13 発問

考える雰囲気を楽しくさせる「教師のワクワク感」

💧 こんなことありませんか？

　どの学年にも，難しいなあという単元があります。「割合」や「比」，「速さ」など，あげればキリがありません。そんな苦手意識をもつ単元を指導する時，自分自身が「苦手オーラ」を出してしまっています。
　そんな時は，「難しそう！ワクワクする！」と言ってみましょう。本気で言えば，本気でワクワクしてきます。
　教師がワクワクしたことが子どもに伝わることで，授業が前向きな雰囲気なります。

♥ スキルの使用例

　ある小学校の校内研修に呼んでいただき，飛び込み授業をさせていただく機会がありました。子どもたちは，初対面の私を警戒するように見ていました。なんとか和ませようとしましたが，十分ではありません。「今日は何をやるの？」「大丈夫かな……」という不安ともとれる空気が流れていました。
　そこで私は，「よし，今日の授業は最初で最後です！一生懸命考えて，楽しもうね！ワクワクするなあ！よろしくお願いします！」と言って，廊下側の子どもたちと握手して回りました。教師がワクワクしていることで，考える雰囲気が一気に楽しくなります。

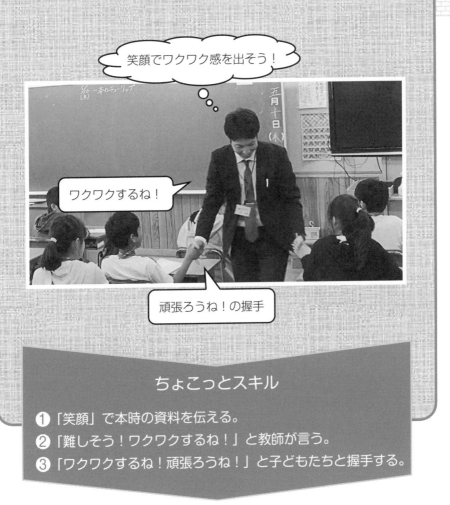

ちょこっとスキル

❶ 「笑顔」で本時の資料を伝える。
❷ 「難しそう！ワクワクするね！」と教師が言う。
❸ 「ワクワクするね！頑張ろうね！」と子どもたちと握手する。

💬 なんのためのスキル？

- 子どもたちが難しい問題を自然に楽しめるようにするため。
- 教師も一緒に楽しんでいく姿勢を見せるため。

クイズ感覚で考えさせる「問題です！ジャジャン♫」

◆ こんなことありませんか？

　教師が問題を出した時，シーンとしてしまい，授業が停滞したことがありませんか？
　それは，子どもの気持ちが後ろ向きになってしまったことが原因です。
　そんな時は，教師のパフォーマンス力を最大限に発揮して，クイズ番組風に子どもたちに問題を出します。効果音をつけたり，シンキングタイムを設けたりすることで楽しい雰囲気をつくることができます。

♥ スキルの使用例

　道徳の授業で停滞してしまった時のことです。モラルジレンマ的な問いに対して，子どもたちの思考が止まりかけていました。反論し合い，「もうこれ以上反論できない……」と子どもたちが諦めかけていました。
　そこで，「ここで，先生から問題があります！ジャジャン……」と，急にクイズ番組を始めました。「改めて聞きます！店員さんのしたことは，許されたでしょうか？」と，同じ問いを，パフォーマンス力を最大限に発揮して与え直したのです。そして最後に，「じゃあ，シンキングタイム10秒，どうぞ！」と付け加えました。子どもたちは「え？！10秒？！」と焦り，すぐに考え始めました。

ちょこっとスキル

① 「先生から問題があります！ジャジャン」と楽しい雰囲気をつくる。
② 問いを与えた後,「10秒でどうぞ！」と言う。

💬 なんのためのスキル？

- 子どもたちに,クイズ感覚で楽しく取り組ませるため。
- 「10秒でどうぞ！」と言うことで,楽しさと同時にほどよい緊張感を生むため。

スキル15 発問
子どもの思考を保障する「発問の後の間（ま）」

♦ こんなことありませんか？

　教師が発問した後，シーンとしてしまうことがありますよね。沈黙は教師にとって，怖く感じます。その空気感に耐えられず，すぐに答えを子どもに求めたり，答えを言ってしまったり……。

　シーンとしている時間は実は，子どもの考えている時間なのです。すぐに教師がしゃべってしまっては子どもの考える機会を奪うことにつながります。少し怖いですが，間の持つ力を活用しましょう。

♥ スキルの使用例

　道徳の時間に「フィンガーボール」の物語教材を使って授業をしました。
　フィンガーボールの水を女王様が飲んだ場面で，意外な展開だったので子どもがざわつきました。
　「なんで女王様はフィンガーボールの水を飲んだのだろう？」
　子どもたちはシーンとしました。そこで，このスキルを発動。
　数秒間待ちました。シーンとしています。子どもから意見が出ました。
　「恥をかかせないためじゃない？」
　教師の作った間の時間に，発問の答えを考えることができました。

ちょこっとスキル

① 発問の後に間を作る。
② シーンとした時間は、子どもの思考を想像する。
③ 思考が想像できない場合は、3〜5秒待つ。

💬 なんのためのスキル？

- 教師の発問に対して、思考させるため。

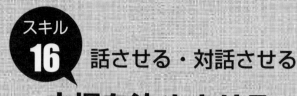

スキル 16 話させる・対話させる
立場を決めさせる「ノートに○×を書く」

♦ こんなことありませんか？

　子どもに意見を求めた時に，特に反応がなく，なんだか教師が1人で授業を進めてしまっているような気がすることはありませんか？
　その原因として，子どもが授業に参加している意識を作れていないと考えられます。それは，教師の話や友達の話を聞いているフリをしているのに，なんとなく授業が進んでしまっているからです。
　だからと言って，一人一人に対して言葉がけをするのは不可能です。そんな時は，ノートに○×を書かせて立場を決めさせることで，授業に参加させることができます。

♥ スキルの使用例

　道徳の時間の時のことです。将来の夢があるか問いました。しかし，反応がありません。そこで，このスキルを発動。
　「将来の夢があるなら○，ないなら×とノートに書きなさい。」
　子どもたちは，ノートに書きました。
　「○の人？　×の人？」
　と，問うと見事に半々に分かれました。
　「それでは，その理由をノートに書きましょう。」
　子どもたちは，真剣に理由を書くことができました。

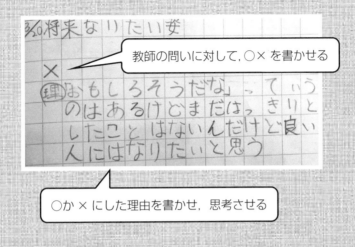

ちょこっとスキル

❶ 教師は2択の発問をする。
❷ 子どもはその答えを○×でノートに書く。
❸ 「まだ書けてない人？」と言い，全員が書けたことを確認する。
❹ ○×の人数を聞く。
❺ 余裕があれば，その答えにした理由をノートに書かせる。

💬 なんのためのスキル？

- 授業に参加させるため。
- 教師の発問に対して立場を決め，思考させるため。

※野口芳宏先生（千葉県）のご実践を参考にいたしました。

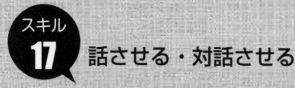

スキル17 話させる・対話させる
心を対話に向かわせる「よろしくお願いします」

💧 こんなことありませんか？

　隣の人と話し合わせるという「ペア対話」は，多くの先生が取り入れやすい対話の方法です。しかし，対話しているペアもいれば，そうでないペアもいる……。そんなことありませんか？
　それは，子どもが話し合うための心の準備ができていないことが原因です。
　元気よく，「よろしくお願いします！」とお互いに言うことで，話し合うための雰囲気をつくることができます。

♥ スキルの使用例

　国語の一場面，お互いに感想を伝え合わせます。「隣の人に聞いてみましょう！」「前後で意見交換をしましょう！」という指示を出します。しかしその前に，次の3つを伝えてあげましょう。
①「相手の顔を見て話します！」
②「笑顔で言います！」
③「『よろしくお願いします』とお互いに挨拶しましょう！」
　「よろしくお願いします」という言葉を言い合うと，「やるしかない状況」を自然に生み出します。

ちょこっとスキル

❶ 顔を見て対話をさせる。
❷ 笑顔で対話をさせる。
❸ 対話の最初に「よろしくお願いします」と言わせる。

💬 なんのためのスキル？

- 挨拶をすることでスムーズな対話のきっかけをつくるため。
- 子ども同士の対話に向かおうとする心を生み出すため。

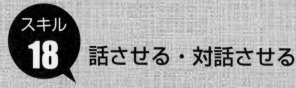

スキル18 話させる・対話させる
相手の意見を大切にさせる「あいづちの練習」

♦ こんなことありませんか？

　話し合いの時に，話したことが伝わったかわからず，困っている子はいませんか？　伝わっているかわからないのは，話したことに対して無反応だからです。話すことと聞くことはワンセットです。「対話」ですから，話す指導と同時に，聞く指導も同時に行われるべきです。

　聞く指導に「あいづち」を取り入れることで，話し合い活動を生き生きとさせることができます。

♥ スキルの使用例

　ペアで対話させた時，聞き手の意識が低く活動が盛り上がりませんでした。そこでこのスキルを発動。聞く時の3つの約束をさせました。
①顔を見て聞く。
②「あいうえお」を意識してあいづちをさせる。
③違うと思った時は「どういうこと？」と聞き返させる。
　約束をした後に，対話させると「ああ！　いいね！　うんうん！　え～！お～！」「それってどういうこと？」と言う声が教室中に響き渡りました。
　子どもたちはペア対話が充実し，楽しく話し合うことができました。

ちょこっとスキル

❶ 相手の顔を見て，笑顔で聞かせる。
❷ あいづちの「あいうえお」を教える。
❸ わからなかったら「どういうことですか？」と言わせる。

💬 なんのためのスキル？

- 子どもたちが主体的に「聞く」ようにするため。
- 話し手が自分の考えを述べやすくするため。

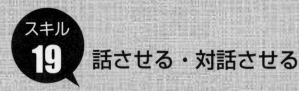

スキル19 話させる・対話させる

相手の意見を受け入れ，反論させる「オブラート返し」

♦ こんなことありませんか？

　子どもたちに話し合いをさせています。すると，「意味わかんないし！」や「頭おかしいんじゃないの？」，「もうあいつと話したくない！」のような声が聞こえてきます。担任として，「そういう口の聞き方はしません！」「丁寧に話しなさい！」程度の指導で，望ましい話し合いの仕方に改善させることはできません。改善させようと思ってももう遅く，子どもたちのやる気はすでに失われています。そんなこと，ありませんか？

♥ スキルの使用例

　国語の時間に話し合いをさせようとしています。登場人物の心情がどこでガラリと変わったのかを話し合っています。みんな，お互いに一歩も譲らない状態でした。
　そんな時，話し合いを始める前に「反論の前にオブラート！」と言って，枕詞を使うようにさせます。
①「わかるんだけど……，でも……。」
②「確かにそうだね……，でも……。」
　この２つを使ってから反論したり，自分の意見を言うようにさせます。誰でも頭ごなしに反論されるのは嫌なものです。一度受け止めるという意味でも，「わかる」「確かに」というメッセージを相手に伝えるのです。

ちょこっとスキル

① 頭ごなしに反論はさせない。
② 「わかるんだけど」を必ず言うようにさせる。
③ 「確かにそうだね」を必ず言うようにさせる。

💬 なんのためのスキル？

- ✓ 子どもたちの対話を途切れずに続けさせていくため。
- ✓ 子どもたちの話し合いをより活発化させていくため。

スキル 20　話させる・対話させる

安心感を持って発表させる「発表の台本」

♦ こんなことありませんか？

　「うちのクラスは発表を全然しない」「考えを表すのが苦手」「いつも同じ子が発表してしまう」そんなことありませんか。

　それは，発表の仕方を子どもに教えていないことが原因です。大人だって研修会で発表するのにとても勇気がいります。子どももそれと同じです。

　年度始めの授業で発表の台本を与えることで，安心して発表できるようになります。慣れてくれば，台本なしで考えを表せるようになります。いずれは台本をなくすことを念頭において，子どもに安心感を与え，発表させる経験をさせてみましょう。

♥ スキルの使用例

　6年生の初めての授業のことです。一部の子を除いて，全く発表する雰囲気がありませんでした。

　そこでこのスキルを発動。

　「台本通りに読んで発表してみよう。」

　何人も台本通りに読ませ，発表させました。単元の終わりには，台本なしで発表できる子が増えました。

> 台本は読むだけでよい

> 学習が進むごとに空欄を増やす

線対称の対応する点
① 点Aに対応する点知つけよ
② この線を何と言いますか
　⇒ 対称の軸です。
③ 対称の軸で折ると
　点Aと点Kは重なります
④ よって点Aと対応する
　点は点Kです。

点対称の対応する点
①
② この点を…
　⇒ 対称の中心です。
③ 対称の中心のまわりを
　180°まわすと…
④ よって…

> 慣れてきたら，台本はなくす

話させる・対話させる

ちょこっとスキル

① 教師が理想とする発表の台本を用意する。
② 子どもに読ませて発表させる。
③ 学習が進むごとに，台本の空欄を増やす。
④ 発表に慣れたら，台本をなくす。

💬 なんのためのスキル？

- 発表の型を与えるため。
- 子どもに発表に対する安心感を与えるため。

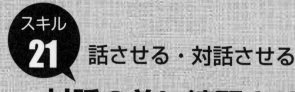

スキル 21 話させる・対話させる

対話の前に練習させる「エアー説明」

♦ こんなことありませんか？

　授業中に発表する機会があります。しかし，誰も手があがらない……指名して発表してもらっても，声が小さく何も聞こえない……。

　それは，人前で発表するための心の準備を作れていないことや考えを整理させられていないことが原因として考えられます。伝える相手が前にいると思い，一度発表の練習をさせてみましょう。練習させる時に「声が小さい！」などと声をかけてしまうと萎縮してしまいます。「エアー説明」と，ユーモアのある声かけをすると安心感が生まれます。

♥ スキルの使用例

　6年生の「円の面積」の学習の時のことです。計算の仕方を子どもに発表してもらおうとしましたが，自信がない様子……。誰も発表しようとしません。考えを整理させ自信をつけるために，一度練習させようと思い，このスキルを発動。

　「それでは，隣に人がいると思ってエアー説明しましょう！」

　子どもたちは楽しそうに発表の練習を始めました。その後，指名した子も自信たっぷりに発表することができました。

教科書を使って練習しています

隣に説明する人がいると思って説明しています

話させる・対話させる

ちょこっとスキル

❶ 明るい表情で「エアー説明しましょう！」と言う。
❷ 目の前や隣に人がいることを思い浮かばせる。
❸ 黒板やノート，具体物などを指しながら練習させる。

💬 なんのためのスキル？

- 考えを整理させるため。
- 発表の自信をつけさせるため。
- 楽しく練習させるため。

スキル22 話させる・対話させる
子ども同士のやりとりを促す「教師の繰り返し禁止」

♦ こんなことありませんか？

　子どもが一生懸命に発表したあと，全く同じことを教師が言ってしまう，親切のつもりで要約して全体に伝え直す……。そんなことはないでしょうか？　それが必要な時もあります。しかし，教師が繰り返しをしている間は，子どもの思考が止まり，学習の理解にもあまりつながっていません。まずは，教師が繰り返しをすることをやめましょう。教師が言いたいことを色々な子に言わせるのです。それだけで子どもの理解や授業の受け方が変わってきます。

♥ スキルの使用例

　社会の時間の時のことです。子どもが調べた内容を発表しました。
「そうそう！　つまりさ……。」
と，教師が繰り返しをしようとした時にこのスキルを発動。
「今の発表で大切なところはどこかな？」
　自分が言いたかったことを他の子どもに言わせました。教師の繰り返しをやめることで，子どもの発言が増えました。繰り返し色々な子に言わせることで対話が広がり，発表内容を定着させることができました。

とにかく，繰り返しはしません

言いかたったことを子どもに言ってもらいます

ちょこっとスキル

❶ 子どもが発言した内容と同じことを言うのをやめる。
❷ 言いたかったことを他の子どもに言わせる。
❸ その言葉を色々な子どもに言わせる。

🗨 なんのためのスキル？

- 教師の言葉を減らし，子どもの言葉を増やすため。
- 大切なことを子どもに発言させ，定着させるため。

スキル 23 話させる・対話させる

ねらいに沿った対話をさせる
「オリジナル枕詞」

🌢 こんなことありませんか？

　ペアやグループで対話させた時，「こちらのねらった対話にならなかった」「全く関係のないものになってしまった」そもそも，「何を対話したらよいか」すら理解していなかった。そんなことありませんか？
　それは，教師が対話の方向性を示せなかったことが原因として考えられます。そこで，対話の前にある一言を付け加えさせることでねらった対話の内容に近づけることができます。
　それが「オリジナル枕詞」です。

♥ スキルの使用例

　算数の三角形の面積を求める公式を復習する時のことです。底辺×高さ÷2の公式の「÷2」の部分について対話して確認させます。
　そこで，このスキルを発動。
　「÷2ってなんだっけ？　と言いながら，ペアで話し合いましょう。」と指示しました。
　「÷2ってなんだっけ？」教室中にこの言葉が響きました。正方形や長方形など，四角形を半分にしているという内容で対話することができました。

ちょこっとスキル

① 対話を始める前に対話させたい内容を一言付け足す。
② 「○○ってなんだっけ？ と言ってから話し合いましょう」と指示する。
③ 「先生が言ったのってどういう意味？」「つまり，○○くんが言いたいことは……」など，枕詞をアレンジすることで色々な対話ができる。

💬 なんのためのスキル？

- ✓ 対話の内容をねらいに近づけるため。
- ✓ 子どもに方向性を与え，安心して対話させるため。

スキル24 話させる・対話させる
小黒板・画用紙を使わせる「考えの作戦基地」

♦ こんなことありませんか？

　グループ学習は，考えを広げたり深めたりするために，小黒板や画用紙を使うことがあります。しかし，1人だけが書いてしまい，他の子たちにとって，有意義な学習につながらないこともあります。
　それは，子どもたちに小黒板や画用紙を使う意義や方法を伝えられていないことが原因として考えられます。
　小黒板や画用紙は，考えの「作戦基地」です。子どもに意義や方法を教えることで，充実した話し合いへと発展できます。

♥ スキルの使用例

　社会科の時間に教科書の内容をまとめていました。しかし，充実した話し合いになりません。
　そこで小黒板を配り，このスキルを発動。
　「小黒板を考えの作戦基地にしましょう！」
　「小黒板をグループの真ん中に置いてまとめましょう。」
　「チョークは1人1本持ちましょうね。」
　すると，全員の視線が小黒板に集まりました。その後，教科書を読んだり，友達と相談しながら，全ての子どもが小黒板に文字を書きながら話し合うことができました。

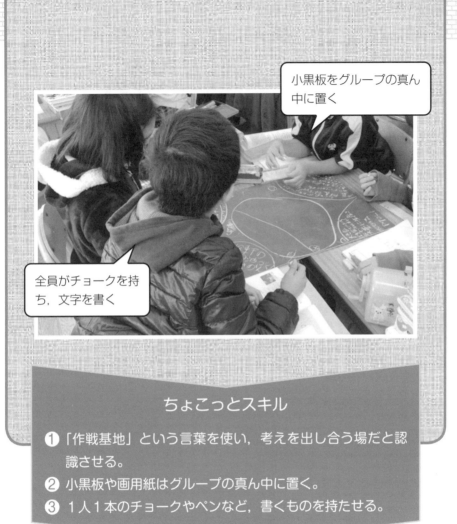

小黒板をグループの真ん中に置く

全員がチョークを持ち，文字を書く

ちょこっとスキル

❶ 「作戦基地」という言葉を使い，考えを出し合う場だと認識させる。
❷ 小黒板や画用紙はグループの真ん中に置く。
❸ １人１本のチョークやペンなど，書くものを持たせる。

💬 なんのためのスキル？

- ✓ グループの話し合いに全員が参加するため。
- ✓ グループの話し合いを充実させるため。

スキル 25 話させる・対話させる

気持ちを寄せて対話させる「頭の距離は心の距離」

♦ こんなことありませんか？

　話し合いの場面を想像してください。班ごとに取り組ませています。しかし，机を合わせていてもどこか他人事の子がいます。ホワイトボードを独占したり，自分の机で自分のことだけを進めたりしている子がいます。「あれ？こんな話し合いのつもりではなかったはずなのに……」
　うまく子どもたち同士が話し合えない……。そんなこと，ありませんか？

♥ スキルの使用例

　算数の教え合いの場面です。できた子，まだできていない子，様々な進度の子どもたちがいます。こんな時は，班の形にはこだわらず話し合いをさせていきます。
①「みんなで教え合いましょう。友達のノートをのぞき込みに行きましょう！できている子は，見せてあげてくださいね！」
②「もちろん，自分の机を離れて話し合いに行っても構いません！」
③「頭の距離が近いといいですね！」
　この３つを伝えてあげるだけで，子どもたちの自主的な動きが目立つようになります。そして，その現象をきちんとほめ，良い話し合いができていること，良い関係性ができていることを伝えてあげます。

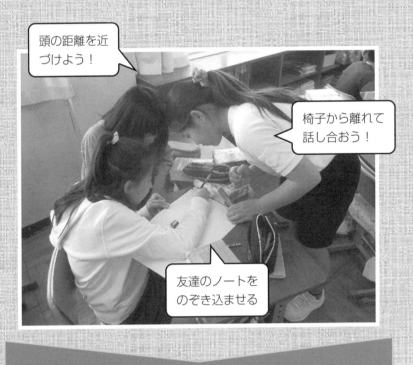

ちょこっとスキル

❶ 1つのものをのぞき込んで読ませる。
❷ 椅子から離れて話し合わせる。
❸ 頭の距離を近づけるように話し合わせる。

💬 なんのためのスキル？

- 頭の距離を寄せ，心の距離を近づけて話し合わせるため。
- お互いの意見をよく見たり聞いたりするため。

考えを整理する「黒板のフォーマット」

💧 こんなことありませんか？

「教師の思考が整理されず訳のわからない板書になってしまった」「何を書いてよいかわからず，何も情報が残せなかった」そんなこと，ありませんか？

そんな時は，黒板のフォーマットを決めてみてはいかがでしょうか。フォーマットがあることで，教師の思考を整理しながら板書することができます。また，子どもの思考過程も整理され，わかりやすい授業につながります。

♥ スキルの使用例

算数の授業で，いつもわかりづらい板書になっていました。そこで，このスキルを発動。

「自分なりの板書のフォーマットを決めよう！」

黒板を次のように4分割しました。

・左1列　　…　問題提示，見通し
・真ん中2列　…　本時の課題の解決，子どもの考え
・右1列　　…　まとめ

フォーマットを決めることで，考えを整理しながら授業を進められ，わかりやすい板書になりました。

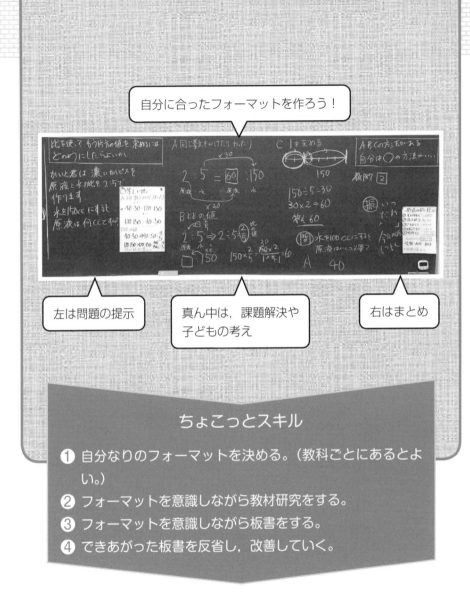

左は問題の提示　　真ん中は，課題解決や子どもの考え　　右はまとめ　　自分に合ったフォーマットを作ろう！

ちょこっとスキル

❶ 自分なりのフォーマットを決める。（教科ごとにあるとよい。）
❷ フォーマットを意識しながら教材研究をする。
❸ フォーマットを意識しながら板書をする。
❹ できあがった板書を反省し，改善していく。

💬 なんのためのスキル？

- 教師の考えが整理された授業にするため。
- 子どもの考えを整理し，わかりやすい授業につなげるため。

子どもの目線で確認する「板書の構造」

♦ こんなことありませんか？

　板書をしていると，子どもたちに「先生，曲がってます！」と言われたことはありませんか？　横書きであれば右上がり，縦書きであれば，行間や文字の大きさが変わっていくなど，イメージと違う……なんてこと，ありませんか？

　それは，黒板にしがみついて授業をしているからです。そんな時に，教室の後ろで板書の構造を確認してみてください。イメージする板書に近づけることができます。

♥ スキルの使用例

　本時の問題文や学習問題を書き，子どもたちが板書をノートに写しています。そこで，机間指導を兼ねて教室後方へ移動しました。

　まずは板書を眺めます。文字の大きさはどうか，字間はどうか，文が直線上に書かれているかなどを確認します。「次はあそこにあれを書いて，最後はここにまとめを書く。子どもから出た意見は……」と，イメージしながら見ます。

　また，しゃがんで見て，子どもの目線でどう見えるかも確認して見ましょう。この板書の確認を45分の中で3～4回やるようにするとよいでしょう。

板書

ちょこっとスキル

❶ 授業中，何度か子どもたちの後ろに行って板書を見る。
❷ しゃがんだり，横に移動したりしながら，子どもの目線で板書を見る。
❸ 常に45分の完成形をイメージして板書を見る。

🗨 なんのためのスキル？

- 黒板に計画的に書き進め，子どもたちがノートを取りやすくするため。
- 見やすい板書で，子どもたちの思考をスムーズにするため。

スキル28 板書

意識すれば変わる「板書で美文字」

🟢 こんなことありませんか？

「なんだか黒板に字が上手く書けない」「板書の字が上手くないから集中していない気がする」「もともと字が上手くないから，板書は苦手」そんなこと，ありませんか？

字が上手い下手に関わらず，字を書く時に少し意識するだけで誰でも板書の文字を丁寧に書くことができます。文字は心を映します。心を込めて書くことにこのスキルを合わせると，文字は格段によくなります。

♥ スキルの使用例

黒板を使い，子どもにやる気の出るメッセージを書きたい！そう思いました。しかし，自分は字が苦手……きちんとメッセージが伝わるか不安でした。

そこで，このスキルを発動。

「美文字の5ポイントを意識しよう！」

心を込めて美文字の5ポイントを意識したことで，自分でも納得するメッセージを書くことができました。

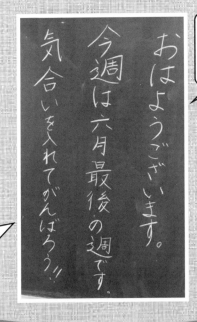

美文字の5つのポイント

気持ちを込めて書くことが大切

ちょこっとスキル

① 文字の形は正方形。
② 横の線は少し右上がり。
③ チョークは擦り込むように，濃くゆっくり書く。
④ 画数の多い文字は大きめ。少ない文字は小さめ。
⑤ 文章をつなげる文字（「は」や「を」など）はさらに少し小さめ。

💭 なんのためのスキル？

- 読みやすい文字を書くため。
- 文字で教師の気持ちを伝えるため。

活用方法が広がる
「チョークポキン」

💧 こんなことありませんか？

　道徳の授業の時，意見の違いを色で表したり，立場を分けたりすることがあります。様々な意見が飛び交い，板書でどのように表現するか困りました。子どもたちの意見をうまく構造化できず，ごちゃごちゃしてしまいました。
　それは教師が，枠を取って区別するなど，チョークの活用方法を知らないからです。枠の線の太さを変えたり，色で区別したりすると，視覚的に訴えることもでき，効果的です。

♥ スキルの使用例

　新しいチョークは，だいたい6cmです。1本を2：1程度に折ると，4cmと2cmになります。長い方は文字を書くため，短い方は線を引いたり，大切な言葉を囲んだりするために使います。短いチョークは，側面を使って太い線を書くのに有効です。そのため，あらかじめ長さを変えておきます。
　そして，授業の中で，意見をグルーピングする時に，短いチョークの側面を使って側面で太線を書くのです。また，大きな心情の変化に伴って，右肩上がりの太矢印も書くことができます。もちろん，普通の太さの線も交えることでより区別がつきやすくなります。

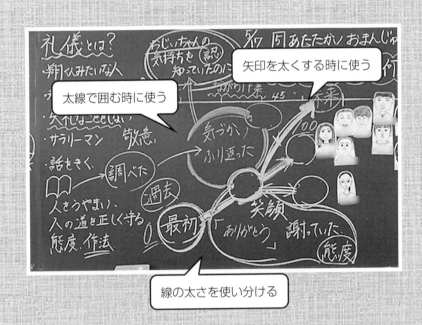

太線で囲む時に使う

矢印を太くする時に使う

線の太さを使い分ける

ちょこっとスキル

① 全ての色をまとめておく。
② 1本を2：1程度に折り，用途によって使い分ける。
③ 色ごとに役割を決めて（子どもたちに伝えて）使うようにする。

💬 なんのためのスキル？

- 枠線に太さを出して，メリハリをつけるため。
- メリハリを出すことで，子どもたちの思考を整理させるため。

一目でポイントを押さえる「オリジナルマーク」

💧 こんなことありませんか？

　授業の内容がきちんと書かれた板書は美しいものです。しかし，ビシっと書くことが教師の自己満足になっていませんか？　子どもたちにはどう見えているのでしょうか。
　教科書を開いてみると，大切なことも囲み方に工夫があったり，イラストが添えられていたりします。
　板書にオリジナルマークを付け加えることで，大切なポイントを視覚的に訴えて理解させることができます。

♥ スキルの使用例

　算数で比の値を学習していました。a:b=a/b というポイントを板書した時が，「オリジナルマーク」を活用する時です。
　私は，ポイントになる場所に「ここ"電球"ですね！」と言って，「電球マーク」を書きました。このマークがきたら，子どもたちはいつも以上に気合を入れてノートに書き写します。
　また，親指を立てた「イイね！」のマークや，花丸，算数の教科書（啓林館）の「えんぴつ君」を書くこともあります。

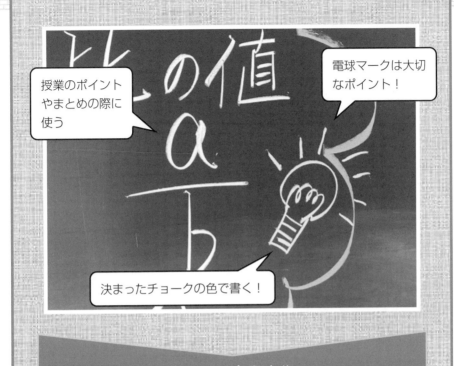

ちょこっとスキル

① 電球マークを使ってポイントを示す。(もちろんオリジナルでよい!)
② 決まった色のチョークで書く。(私は黄色。)
③ 子どもたちのノートにも書かせてみる。

💬 なんのためのスキル?

- マークを使うことで,指導事項の重要度を示すため。
- マークで板書に柔らかさを出し,特別感を出すため。

子どもの意見で授業をつくる「黒板の開放」

💧 こんなことありませんか？

　黒板は，子どもたちの「学びの基地」です。しかし，直接黒板に何かを書かせようと思うと，「ミスをしない子」が指名され，「先生の管理」のもと，「決まった場所」に，「正解」を書くことが多いですよね。それは，結局先生が書いているのと同じことです。

　黒板は，もっと子どもたちの思考が書かれるべきであり，そのためには黒板を開放する必要があります。

♥ スキルの使用例

　三角柱の体積を求める学習の時です。一部の子は塾などで習っており，「わかる」状態でした。そんな時，
「わからない人は『黒板に書いて教えて！』と言ってごらん。」
「わかった人は，『一緒に黒板で確認しよう！』と言いなさい。」
と言いました。そして，黒板の前で活動することを促しました。
「チョークを使って書き込んでも構いません。」
「黒板はみんなの学ぶ場です。みんなで使って，みんなで学ぼう。」
と活動を促進させていきます。
　そして，このような場を授業の中で繰り返して行わせます。

ちょこっとスキル

① 黒板の前に出てくるように促す。
② 「黒板に書いて教えて！」「黒板で確認しよう！」と言わせる。
③ 黒板に直接書かせ，みんなが見えるようにする。

💬 なんのためのスキル？

- 子どもたち同士の学びを充実させていくため。
- 黒板を通した少人数の学びを，教室全体の学びに変えていくため。

書き込みながら説明できる 「黒板にプロジェクター」

💧 こんなことありませんか？

　教師が言葉だけで説明しても理解していない。
　これは，教師の話している言葉が目に見えないことが原因です。いくら話し方を工夫しても，話している言葉は目に見えません。見えない言葉だけでは，子どもの頭に残りづらいのです。
　そこで，黒板にプロジェクターで画像を映し，書き込みながら説明をします。教師の説明を書き込みながらすることで，子どもは理解しやすくなります。

♥ スキルの使用例

　社会科の学習で，教科書の棒グラフの説明をしてもなかなか理解できませんでした。
　そこで，このスキルを発動。
　棒グラフの変化の様子に合わせて，「だんだん減っている」と書き込みました。
　「なるほど！」という声が教室に響きました。子どもたちは，理解した内容を図と言葉でノートに書くことができました。

ちょこっとスキル

① 黒板に画像を映す。
② チョークで書き込みながら説明する。
③ 手元の資料やノートに考えを書き込ませる。

💬 なんのためのスキル？

- 言葉を視覚と聴覚で伝えるため。
- 言葉を残し，時間をかけて理解させるため。

スキル33 ノート指導

パターン化させる
「ノートのフォーマット」

♦ こんなことありませんか？

　ノートをきちんと取れている子とそうでない子，思考がよくわかる子とそうでない子。ノート1つをとってもバラバラです。
　ある程度は同じレベルのノートを取らせ，思考過程を整理させたいのですが，なかなか難しい……。そんな時はノートのフォーマットを与えてみたらいかがでしょう。
　フォーマットに沿って書くことを積み重ねることで，子どもたちも安心してノートを取ることができます。

♥ スキルの使用例

　1学期のはじめのことです。ノートの取り方がバラバラでした。ある程度は形式を揃え，思考過程を整理させたい。そう考えています。
　そこでこのスキルの発動！
　「ノートの取り方のプリントを配ります。」
　ノートのフォーマットを配り，書き方を説明しました。
　すると，ノートの書き方が整理され，思考過程のわかるノートを取れるようになりました。

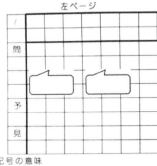

ノートの使い方をまとめ，子どもに配って共通理解しました

ちょこっとスキル

① 教師が取らせたいノートを具体的にイメージする。
② 取らせたいノートの取り方を子どもに教える。
③ ノートの書き方をまとめたプリントを印刷して配り，ポイントを確認する。

💬 なんのためのスキル？

- ノートを使って思考過程を整理させるため。
- ある程度，ノートの形式を揃えるため。

思考を整理させる「線引きの多用」

💧 こんなことありませんか？

「線がくねくね曲がっていて見づらい」「筆算や分数の計算にミスが多い」ノートに書かれた線が曲がっていると，思考が整理されません。その結果，学習した内容が身に付きづらくなる，計算が正確にできない。そんなことがよく起きます。

線引きを使う意識が低い子はたくさんいます。そんな子に，線引きを多用させてみましょう。取るノートが変わり，計算ミスが少なくなったり，思考が整理されたりします。

♥ スキルの使用例

算数の学習の時のことです。クラス全体を通して，わり算の筆算で位取りが揃わず，計算ミスが多い実態がありました。ノートを見てみると，筆算の計算する線は曲がっていて読みづらいものでした。

そこでこのスキルを発動。

「筆算の線は全て線引きを使うこと。」

線引きを使うことで，計算式が見やすくなり，位取りが揃うようになりました。そして，正確に計算できる子が増えました。

分数も，図や表も全て線引きを使わせることをおすすめします。

なんでも線を引かせる

指を少し広げさせる

ちょこっとスキル

❶ ノートの線は全て線引きを使わせる。
❷ 線引きを押さえる指は少し開かせる。（線がずれなくなる。）

💬 なんのためのスキル？

- ノートを丁寧に取らせるため。
- 考えを整理させやすくするため。

ノート指導

思考の過程を残させる「消しゴムは使わない」

♦ こんなことありませんか？

　算数の授業中やテストの時に，問題を解くための途中式や筆算を書いたのに消してしまう子がいます。それでは，見直しをした時や，間違い直しをした時に自分がどのように考えたかわからなくなってしまいます。
　そんな子には，思考の過程を残させることを教えることが大切です。
　大切さを教えた後，具体的に消しゴムを使わせないことで，思考の過程を残すことができるようになります。

♥ スキルの使用例

　円の面積を求める学習のことです。公式を使って求めることは理解しているにも関わらず，正答率が上がりません。小数点の計算ミス（×3.14）が多いようです。しかし子どもは，筆算をキレイに消してしまっているので，自分がどのように計算ミスをしたかわかりません。
　そこでこのスキルの発動。
「筆算に消しゴムは使わないようにしましょう。」
　ノートやテストに，筆算が残るようになりました。見直しや間違い直しで自分の計算ミスした箇所に気づき，間違いが減りました。

> ① 8 × 8 × 3.14 = 200.96
> 200.96 ÷ 2 = 100.48
>
> ② 10 × 10 × 3.14 = 314
> 314 ÷ 2 = 157
>
> ③ 5 × 5 × 3.14 = 78.5
> 78.5 ÷ 4 = 19.625

筆算や途中式など，考えた過程をノートに残させる

ノート指導

ちょこっとスキル

❶ 筆算や途中式など，考えた過程の大切さを語る。
❷ 考えた過程は「消しゴムは使わない！」と伝える。

💬 なんのためのスキル？

- 思考の過程をノートやテストに残すため。
- 間違い直しや見直しの時に自分で間違いに気づくため。

スキル36 ノート指導
たくさん文章を書かせる「質より量」

♦ こんなことありませんか？

　多くの授業で取り入れられるノート指導の中に，考えを書かせるというものがあります。しかし，「どうやって書いたらいいの？」「感想の書き方がわからない……」という子どもたちは一定数います。鉛筆が動かない子です。
　それは，子どもに考えを書かせる経験が不足しているからです。
　考えさせる前に，たくさん書かせる経験が必要です。「質よりも量」を意識させ，書くことに対する抵抗をなくしていきましょう。

♥ スキルの使用例

　「頑張ったこと」という作文を書かせる時のことです。何を書いたらよいのか悩み，鉛筆が止まっていました。そこでこのスキルの発動。
　「頑張ったことを1行で書いてごらん。」という指示を出し，1行でよしとして書かせます。書けたら，「2行，3行と増やしていこう！」と指示します。
　1ページの作文を書くことが難しくても，20個の頑張ったことを書かせると，1ページになります。
　この活動を積み重ね，書くことに対する抵抗感をなくすことで文章が書けるようになります。

> 20個書けたら
> 1ページ分！

> ナンバリングさせて，数を意識！

> 頑張ったことを箇条書きで書かせると箇条書きでも1ページになる

（ノート指導）

ノートの写真内容（右から左へ）：
5/24
1 百マス計算がはやく
2 時間を見るようになる
3 字をていねいに書く
4 授業におくれないように
5 努力をする
6 体を動かすようにむける
7 人にはやくつく
8 8時にはせなくなる
9 ノートをまとめる
10 ノートをひろげる
11 本をたくさんかりる
12 家庭学習をし，かります
13 ご飯をたくさん食べる
14 黒板をけす
15 男，女かんけいなくする
16 自分の意見を言える
17 の話をする
18 たい話をする
19 辞書を使う
20 ○○のいい所を言う

ちょこっとスキル

❶ 1〜20と番号をはじめに書く。
❷ 箇条書きで書かせる。
❸ 1行の積み重ねを大切にする。

💬 なんのためのスキル？

- ✓「自分で考えて書くこと」に慣れさせていくため。
- ✓ 継続して取り組み，「量」の中に「質的転換」を促すため。

スキル 37 ノート指導

ノートの質を向上させる「楽しく点数化」

♦ こんなことありませんか?

　子どもたちが板書をノートに書き写している時に，教師は子どもたちの周りを歩きます。歩いていると，マス目を無視して書いたり，漢字を使わなかったり「ノートのマイナス」が目につきます。「きれいに書いてください」「やり直しです」「何で定規使わないの？」と叱責し，減点法でノートを見ていくと，指導のつもりが，子どもたちの意欲を削いでしまいます。そんな時は，加点法でノートを見ることで，ノートの質が向上していきます。

♥ スキルの使用例

　算数の時間，子どもたちが苦手としている少数の筆算の復習をしました。少数の筆算は，小数点の位置や0の処理など，気をつけることがたくさんあります。また，どの行・マスから計算を始めるかによって，ノートの美しさが決まります。子どもによって，ノートの質に差が出てくるものでした。そこで，ポイントをいくつか紹介してから計算に取り組ませました。
①数字は絶対四角に収めます！
②余白をつくって計算します！
③線は定規を使います！
　この3つを確認して「丁寧にやってみましょう。」と言います。あとは，教師がちょっとでもいいなと感じたら10点をあげ，点数化します。

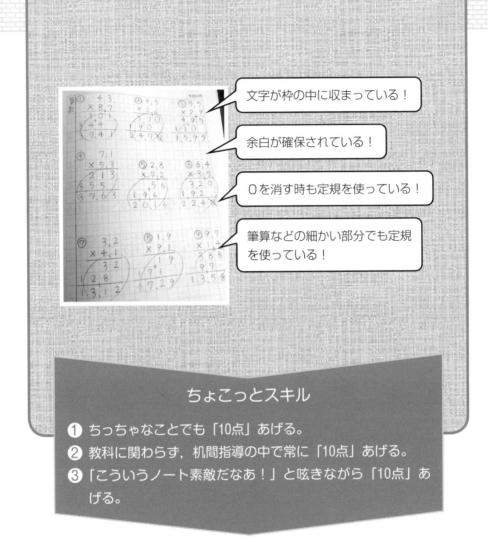

ちょこっとスキル

❶ ちっちゃなことでも「10点」あげる。
❷ 教科に関わらず，机間指導の中で常に「10点」あげる。
❸ 「こういうノート素敵だなあ！」と呟きながら「10点」あげる。

🗨 なんのためのスキル？

- 文字を整えて書くようにさせるため。
- 子どもたちがノートに書くことを楽しみ，ノートを思考の基地にしていけるようにするため。

子どもの考えを引き出す「ふきだし法の活用」

💧 こんなことありませんか？

　子どものノートを見ると，いろいろなノートがありますよね。でも，「ノートはきれいに取れているけれど，黒板を写しているだけ」そんなノートはありませんか？
　それは，考えをノートに書かせられていないことが原因です。考えをノートに書かせられれば，授業中によく考えながら参加できます。
　この「ふきだし法」は，ふきだしの中に自分の考えを書いていくものです。「ふきだし法」を使えば，授業中に自然と自分の考えをノートに書けるようになります。教師がその子の考えを把握するのにも便利です。

♥ スキルの使用例

　授業中，大切なポイントをノートに写しているのですが考えている様子が全くありません。そこでこのスキルを発動。
　「ポイントについて，ふきだしの中に自分の考えを書きましょう。」
　考えを書ける子と，そうでない子で半々くらいに分かれました。考えを書けた子に説明してもらったことで，そうでない子の理解につなげることができました。
　積み重ねると，自然とふきだしに考えを書ける子が増えてきます。

> ふきだしに考えを書く習慣付けをします

> 書いてある内容を読むだけで，発表になります

ちょこっとスキル

❶ 考えさせたい場面で「ふきだしの中に考えを書いてみよう！」と言う。
❷ 最初は，「わからない」でも OK。慣れてきたら，理由も書かせる。
❸ 書いていることを賞賛し，ふきだしを書く習慣付けをする。

💬 なんのためのスキル？

✓ 子どもの思いや考えを引き出すため。
✓ 教師が子どもの考えを把握するため。

【参考文献】亀岡正睦，古本温久『算数科授業デザイン「ふきだし法」』東洋館出版社

ノート指導

スキル39 ノート指導

基礎学力を高める
「学びの5ステップ」

♦ こんなことありませんか？

　学力を定着させるために，練習問題に取り組ませます。しかし，ただ問題を解いているだけの子が多くいます。丸付け，間違い直しをしないので当然学力定着につながっていません。宿題も同じです。
　それは，子どもに効果的な練習問題の取り組み方を教えられていないことが原因として考えられます。効果的な取り組み方を教え，そのよさを実感させることで学力を定着させることができます。

♥ スキルの使用例

　算数の練習問題に取り組ませている時のことです。丸付けもしない。間違い直しもしない。ただ作業をしているだけの子がたくさんいました。
　そこで，このスキルを発動。
　「学びの5ステップの仕方で取り組みます。」
　よさを実感させるために，難しい問題に取り組ませました。当然できない子がたくさんいます。5ステップをした後，数字を変えた同じ難易度の問題に取り組ませました。ほとんどの子ができるようになりました。
　「5ステップは算数以外の教科でも効果的な方法です。どんどん使ってくださいね。」
　5ステップを日頃から定着させることで，学力の定着につながりました。

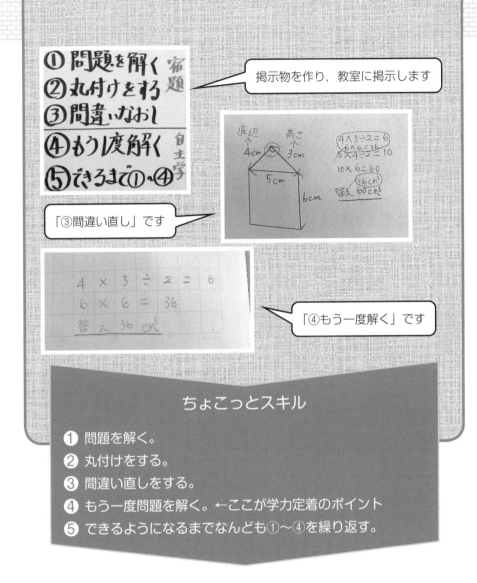

ちょこっとスキル

① 問題を解く。
② 丸付けをする。
③ 間違い直しをする。
④ もう一度問題を解く。←ここが学力定着のポイント
⑤ できるようになるまでなんども①〜④を繰り返す。

💬 なんのためのスキル？

✓ 効果的に練習問題に取り組ませ，学力を定着させるため。

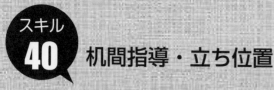

子どもの動きを確認しやすい「教室の立ち位置」

🌢 こんなことありませんか？

「授業中に一人一人の子どもを見取ることができない」「全体がどんな活動をしているかわからない」活動が活発になればなるほど，子どもの様子を見取ることが難しくなります。

そんな時は教室の右前の隅に立ち，子ども全体の様子を見取りましょう。教室の右の前は，全体の雰囲気を一度に把握することができます。気になる子がいた時は近くに行き，話しかけてください。そうすることで全体と個人の両方を見取ることができます。

♥ スキルの使用例

社会科の時間のことです。教科書の内容を新聞にまとめる活動をしていました。全体がどのような活動をしているのか気になりました。

そこでこのスキルを発動。

教室の右前に立ち，全体を見回しました。全体的に一生懸命取り組んでいます。しかし，1人の子の手が止まっていることに気づきました。

気になったので近くに行き，「どうしたの？」と尋ねました。すると，「進め方がわからない」と困った様子でした。困っている子に気づくことができたのでアドバイスをすることができました。

ちょこっとスキル

❶ 教室の右前に立つ。
❷ 全体を見回し、雰囲気を把握する。
❸ 気になる子がいたら近くに行き、さらに詳しく見取る。

🗨 なんのためのスキル？

- 子どもの全体の様子を把握するため。
- 気になる行動をしていることに気づくため。

※南惠介先生（岡山県）のご実践を参考にいたしました。

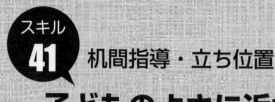

スキル41 机間指導・立ち位置
子どものよさに近づく「立ち歩き」術

♦ こんなことありませんか？

　私にとって机間指導は，「できたか・できないか」を判断するための「チェックの時間」になっていました。

　教師の目は「子どものノート」にばかり向き，一生懸命な表情や，諦めないで取り組む姿勢など「態度面」には向かなくなります。ですから，子どもたちはノートを隠すようになりました。

　それは，教師の見る目が冷たいからです。もっと，子どもたちのよさに近づき，ほめ，認め，励ましたいものです。

♥ スキルの使用例

　算数の授業で，練習問題をしていました。ここでは，チェックでなく，励ますことで子どもたちのやる気を引き出し，認めてあげることで安心感を与えます。教師は口癖のように，
・「いいね！いいね！」と言いながら教室（列の間）を1周する（コースが決まるとよい）。
・1周する間に「5人の頑張っているところを見つける」と課して回る。
・見つけたら，声に出してほめる。
　ようにしていきます。

ちょこっとスキル

① 教室をぐるりと歩く。(決まったコースを数パターンつくるとよい。)
② 「1周する中で5人見つける」など,目標を持って立ち歩く。
③ 見つけたら,声に出してほめる。

💬 なんのためのスキル？

- 子どもたちを,「チェックする」から「よさを引き出す」机間指導にするため。
- 子どもたちに,「先生に見られる」から「見てもらっている」という安心感を与えるため。

机間指導・立ち位置

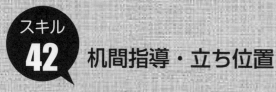

スキル 42 机間指導・立ち位置

さりげなくヒントを与える「大きなつぶやき」

♦ こんなことありませんか？

　自力解決をさせたり，感想を書かせたりした時に，なかなか書くのが進まない。それも1人や2人ではなく半分以上の子が進んでいないので個別に指導することができない。
　見通しのもたせ方が，甘かったのかもしれません。
　見通しをもたせる時間をもう一度取らなくても，教師が大きくつぶやくことで，ヒントを与えられます。それが子どもの助けになり作業することができるようになります。

♥ スキルの使用例

　算数の時間の時のことです。今日の学習は，昨日学んだ方法で，解決することができます。どんどん進む子と，そうでない子が半々です。そこで，このスキルの発動。
　「○○君は，昨日の方法でやってる！すごいなぁ。」
　「そうそう！○○さんみたいにあの方法を使えるといいよね。」
　大きな声でつぶやきました。
　それを聞き，問題に取り組める子が増えました。

ちょこっとスキル

① 教師の与えたいヒントを与える。
② ほめながら子どもの書いた答えを大きな声でつぶやく。
③ 書き始めたらすかさず,「さすがだなぁ」と言う。

🗨 なんのためのスキル？

- 自分で動けない子の手助けをするため。
- 何をしたらよいか共通認識を持たせるため。

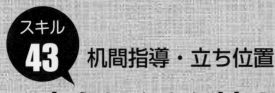

スキル43 机間指導・立ち位置

丸をたくさん付ける「ポケットに赤ペン」

♦ こんなことありませんか？

　子どもたちのノートに，どれだけの丸を付けていますか？　1日の中で，何個の丸を付けていますか？　丸って，正解だけに付けるものなのでしょうか？

　「子どもたちにはたくさんの丸を付けてあげたい。でも，どんな場面で，どこに丸を付けてあげたらいいのだろう？」

　「今日は子どもたちに丸を付けてあげていないなあ……。明日こそは！」

　毎日が何となく過ぎていくのは，教師が丸を付けるポイントをおさえていないからです。たくさん丸が生まれる授業は，子どもも教師も楽しくなります。

♥ スキルの使用例

　国語の話し合いの学習中でした。私は，常にズボンのポケットに赤ペンを入れています（危険ですが）。

　そして，とにかく「小さな丸」をたくさん付けます。

　①早い！もうノートに書いているね！　…丸
　②定規で線を引いているね！　…丸
　③なるほど，いい考え方だね！　…丸
　④「まず！」がいいね！　…丸

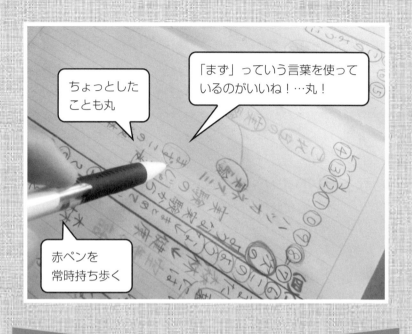

机間指導・立ち位置

ちょこっとスキル

① 赤ペンは肌身離さず持ち歩く。
② 小さなことにも丸を付ける。
③ 丸を付ける時に「〜がいいね」と声をかける。

💬 なんのためのスキル？

- 小さな丸で，子どもたちのやる気を引き出すため。
- 教師の赤ペンで「ほめて・認めて・励ます」ため。

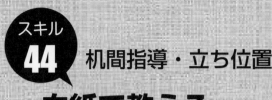

スキル44 机間指導・立ち位置

白紙で教える「何でもヘルプカード」

♦ こんなことありませんか？

　授業準備の中で，「補助カード」や「ヒントカード」を作った経験はありませんか？　授業研に必要なものを夜な夜な作ったことはありませんか？「あの子にはこんなカードを……」「こういう子がいたらどうしようかな……」と，子どもたちのことを考えてカードを作る時間は，時間を忘れるほどです。
　しかし，年間を通して毎時間，毎単元作り続けることはできません。年間を通して実践できる方法を身に付けなければなりません。

♥ スキルの使用例

　Ａ４の４分の１の白紙を用意します。裁断機で50枚切っておくと，一気に200枚です。そして，机間指導中に見つけた「つまずき」に寄り添い，その子の困っている部分をササっと書いて，その子だけの「ヘルプカード」を渡すことができます。
　算数の文章題の題意がつかめない女の子がいました。問題をイメージ化しようと思い，「ヘルプカード」を出し，机の横にしゃがみました。一緒に問題文を読みながら，「こういうことだね」と図にし，関係性を見える化しました。「大丈夫？」と尋ねながら，問題を読み終えるまで何回か図示と確認を繰り返しました。女の子は「うん」「あ〜」「はいはい」と次第に理解し，「あとは自分でやってみます」と，問題にチャレンジできました。

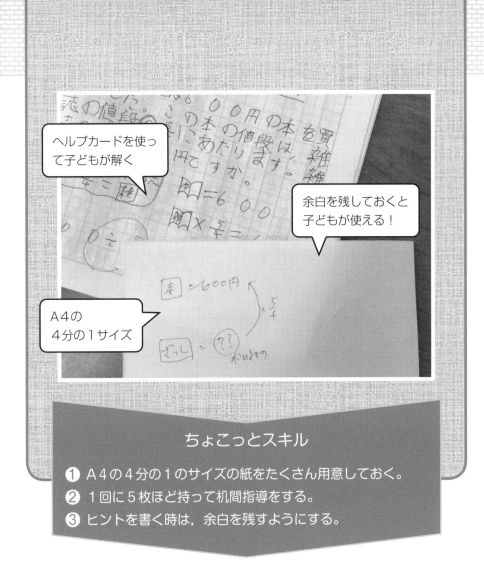

ちょこっとスキル

① A4の4分の1のサイズの紙をたくさん用意しておく。
② 1回に5枚ほど持って机間指導をする。
③ ヒントを書く時は、余白を残すようにする。

💬 なんのためのスキル？

- 子ども一人一人の困り感に寄り添って教えるため。
- 教師の準備が簡単で、年間を通して実践できるようにするため。

スキル45 机間指導・立ち位置

教えながらスキンシップできる「子どもの鉛筆を借りる」

💧 こんなことありませんか？

「授業中に子どもと関われない」「子どもとの距離感があり，近づきづらい」「教えたいのに，一歩引いてしまう」そんなこと，ありませんか？

学習につまずいている子どもとの距離感を気にしてしまい，うまく個別の指導ができないこと，ありますよね。そんな時はこのスキルを使い，子どもとの距離感を近くして個別に勉強を教えましょう。

♥ スキルの使用例

算数の計算問題の練習の時につまずいている子どもを見つけました。その子とは，まだ人間関係が構築できていないので，近づくのに少し躊躇してしまいました。

そこでこのスキルを発動。

「ちょっと鉛筆貸して。」

子どもの鉛筆を借りる時に，さりげなくスキンシップをとることができます。子どもとの距離が縮まるので，個別の学習指導がより効果的になります。さらに，教え終わった後に「貸してくれてありがとう。」と感謝の言葉を添えることで，子どもとの距離はさらにグッと縮まります。

子どもの赤青鉛筆を借りて丸付けをしたり，間違い直しをしたりする方法もおすすめです。

ちょこっとスキル

1. 子どもに「ちょっと鉛筆貸して！」と言う。
2. 鉛筆を借りる時にスキンシップが生まれる。
3. 最後に，「鉛筆を貸してくれてありがとう。」とお礼を言う。

🗨 なんのためのスキル？

- 子どもとの距離感を縮め，効果的な個別指導をするため。
- 子どものつまずきを，近い距離感で知るため。

机間指導・立ち位置

スキル46 机間指導・立ち位置

机間指導しながら組み立てる「授業作戦メモ」

♦ こんなことありませんか？

　子どもに手をあげて発表させたら，「期待していた答えと全く違う意見が出てしまった」逆に，色々な意見をあげようとしていたのに，「一番ほしい答えが最初にきてしまった」そんなこと，ありませんか？
　子どもの意見を把握していなければ，当然何を言うかわかりません。子どもの意見で授業を組み立てる場合，それでは成り立ちません。子どもの意見を把握し，発表順番を決めながら机間指導することで思考の流れがスムーズになります。

♥ スキルの使用例

　社会の時間の時のことです。鎌倉時代についてノートにまとめさせました。この考えを発表させます。
　机間指導をしていると，様々な意見がありました。時系列通りに発表させたい！そこでこのスキルの発動。メモをしながら机間指導を続けました。まとめる時間が終わり，
　「それでは，最初に〇〇さんお願いします。」
　発表が終わったら，
　「次に，△△さんお願いします。」
　時系列通りに発表を組み立てることができました。

ちょこっとスキル

① 机間指導で，子どもの意見を把握する。
② 発表させる子をメモする。
③ 発表させる順番を決める。

机間指導・立ち位置

💭 なんのためのスキル？

- 思考の流れがスムーズな発表を組み立てるため。
- 子どもの考えを把握するため。

机間指導・立ち位置

子ども主体の空気をつくる「教師すみっこ計画」

💧 こんなことありませんか？

　話し合いの場面です。先生が指名します。次の子が手をあげています。「どう思った？」「何か反対の意見がある人？」「はい，どうぞ……」という，素敵な話し合いの場面です。しかし，周りの子どもたちが全くついてきていません。

　それは，教師が話し合いに介入しすぎているからです。教師は，子どもたち同士が対話する空気を生み出さなければなりません。

　子どもたちの前から，教師が物理的に「消えていく」ことを目指し，子どもたちの主体性を引き出していきます。

♥ スキルの使用例

　国語の話し合いの時，子どもたちの発言を引き出しながら話し合いをしていました。しかし，どこか教師の顔色を伺うような，ギクシャクした話し合いになっていました。そこで，「もう自分がいない方が話し合いが盛り上がるな……」と判断し，子どもたち同士で話し合うようにさせました。

　教師は教室後方に位置し，子どもたちの視界に入らないように動きます。子どもたちの背中を眺めるようにしながら，見守りました。

ちょこっとスキル

① 教室後方に位置する。
② 子どもたちの視界から消えるように動く。
③ 全体を眺めるように見る。

🗨 なんのためのスキル？

- 教師の介入をできるだけ減らし，子どもたち同士の話し合いを活発化させるため。
- 全体を眺め，子どもたちのよさを見つけ，教室全体の主体性を伸ばすため。

温かい雰囲気が生まれる
「拍手の多用」

♦ こんなことありませんか？

　授業中，何人かの子が発表してくれました。とてもわかりやすい説明の子もいます。伝えるのがちょっと苦手だけれど，一生懸命な子もいます。そして発表が終わると，「はい，拍手〜！（パチパチ……）」と，先生が率先して拍手してしまう場面，ありませんか？　周りを見てみましょう。拍手をしている子もいればそうでない子もいたりしませんか？
　拍手には，「区切り・終わり」としての拍手と，「賞賛・感動」の拍手があると考えます。「発表したから拍手」という価値だけでは，温かい雰囲気は生まれません。そこに何らかの価値を見出すから拍手が生まれるのです。

♥ スキルの使用例

　算数の時間でした。発表内容が伝わりづらく，みんなの表情が曇っていきます。だんだん顔がこわばってきた時に，このスキルを発動しました。
　「発表が終わった時の拍手の準備をしましょう！」
　男の子は，なんとか最後まで発表することができました。
　そして，発表が終わった瞬間，大きな拍手が彼を包み込みました。男の子はとても嬉しそうです。拍手の力で，なんとも温かい雰囲気をつくることができました。

ちょこっとスキル

① 「拍手の準備をしましょう」と言って，準備させる。
② 拍手の音を相手にぶつけるようにさせる。
③ 拍手の合言葉は「強く・細かく・元気よく」にする。

💬 なんのためのスキル？

- 聞き手の拍手で温かい雰囲気をつくるため。
- 拍手をもらえることで，子どもたちに発表に対しての安心感を持たせるため。

※中村健一先生（山口県）のご実践を参考にいたしました。

スキル49 授業の手法

授業をよい雰囲気にする「天才丸付け！」

♦ こんなことありませんか？

　授業中に、子どもが生き生きしていなく、「ダラーっとした雰囲気で進んでしまう」、出した問題にもしっかり取り組みません。なんだか教師の気持ちも落ちてしまい、それが子どもに伝わって悪循環……。
　それは、前向きな言葉が授業中に少ないことが原因として考えられます。
　この「天才丸付け」は、簡単で一気に雰囲気を変えてしまうスキルです。
　教師が丸を付ける時に、「天才！」というだけで雰囲気が変わります。子ども同士で丸を付ける時にも「天才！」と言わせます。

♥ スキルの使用例

　6時間目の算数の時のことです。子どもの集中力がなく、ダラーっとした雰囲気でした。問題にも嫌々取り組んでいます。その中でも、何人かきちんと取り組んでいます。そんな時にこのスキルを発動！私が丸を付ける時に、
　「天才！」
　と言って丸を付けました。そしてさらに、
　「先生に丸をもらった人は、天才！と言って友達に丸を付けてください。」
　しばらくすると、教室中に「天才！」という言葉が飛び交い、生き生きとした雰囲気に変わりました。

ちょこっとスキル

1. 教師が「天才！」と言いながら丸を付ける。
2. 友達同士でも「天才！」と言って丸を付けさせる。
3. 「天才！」と言われた人に、「ありがとう！」と言わせる。

💭 なんのためのスキル？

- 子どもの自己肯定感をあげるため。
- 授業でよい雰囲気をつくるため。

学習進度が一目でわかる「ネームプレートの活用」

💧 こんなことありませんか？

「学力の差があるので,子どもの理解を知りたい」「ドリル学習を自分で進める時にスピードの差がありすぎて対応しきれない」そんなことはないでしょうか？

ネームプレートを使えば,子どもに課題を与えた時に,どこまで進んでいるか把握することができます。早く終わってしまった子は,友達を教える係に回ることができます。

しかし,子どもにも進み具合が明確になってしまいます。その理由から,「他と比べない」「遅い人に対して何も言わない」などの指導は必ず入れてください。いずれは可視化に頼らずに済むことを目標とします。

♥ スキルの使用例

授業中に,学習の理解を定着させるために練習問題に取り組みました。速く進めている子もいれば,なかなか進まない子もいます。教師はどの子をサポートすればいいか,把握できません。

そこで,このスキル。

「1問終わって丸を付けたらネームプレートを動かしましょう。」

教師も,速く問題が終わった子も,ネームプレートを見てつまずいている子をすぐにサポートすることができました。

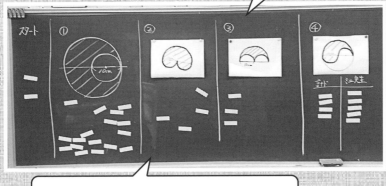

理解が一目でわかります

友達関係が大きく影響するので，気をつけます

ちょこっとスキル

❶ 全員のネームプレートをスタートに貼らせる。
❷ 終わった課題のところにネームプレートを動かさせる。
❸ 全て終わったら，個別の課題を与えるか，教える側にまわらせる。

💬 なんのためのスキル？

- 教師が子どもの理解や進捗状況を把握するため。
- 子どものつまずきを素早くサポートするため。

【参考文献】西川純『「学び合い」スタートブック』学陽書房

考えの交流ができる「ミニ先生術」

♦ こんなことありませんか？

　友達同士で教え合うミニ先生の活動をしている時のことです。教える側は「ただ丸を付けるだけ」，教えてもらう側は「一方的に教えてもらっている」，そんなことはないでしょうか？　もっと友達同士で活発に対話活動をさせたいのに……。

　それは，子どもたちがどのように活動したらよいか指導していないからです。そこで活躍するのがこのスキル。ミニ先生の活動で対話がより活発になります。ちょっとした型を与えるだけで，ミニ先生の活動が見違えるように変わります。

♥ スキルの使用例

　6年生の「分数のわり算」の計算練習の時のことです。ミニ先生で丸付けの活動を取り入れました。（÷分数）が（×逆数）になることを定着させるために，計算の過程を説明させる活動を取り入れようと考えました。

　そこで，このスキルを発動。

　「どのように考えましたか？　と言ってからミニ先生をしましょう！」とキメました。

　クラスは活発に学び合う雰囲気に生まれ変わりました。

ちょこっとスキル

① 丸を付ける時は「どのように考えましたか？」
② 教える時は「どこにつまずいていますか？」
③ 教師も同じ言葉を使って子どもに教える。

💬 なんのためのスキル？

- ミニ先生の対話活動を活発にするため。
- 充実した学び合い活動にするため。

子どもが自分で丸付けできる 「教師用教科書の公開」

♦ こんなことありませんか？

　「問題に取り組むスピードが違い，全体での丸付けがなかなかできない」，「人数が多くて，教師一人では丸を付けきれない」，そんなことはないでしょうか？　子どもの学力の差はどこにでもあります。そこに対応しきれない時，充実した学習につながりません。

　丸付けをする時，子どもに思い切って答えを見せてしまいましょう！　子どもたちは自分で丸を付けます。教師の手が空くだけでなく，子どもに丸付けの習慣を付けさせることができます。教師の手が空くので，つまずいている子のサポートをすることができます。

♥ スキルの使用例

　算数の授業中，練習問題に取り組んでいる時のことです。学習の理解に差がありました。どんどん進む子は教師に丸付けを求めていました。しかし，教師はつまずいている子のサポートにつきたい……。そこでスキル発動。
　「先生用の教科書を見て，自分で丸付けをしましょう！」
　自分たちで学習を進める子は，どんどん進みます。教師は，サポートをしっかりすることができました。

答えがあれば,自分たちで丸付けできます!

ちょこっとスキル

① 広い机に教師用教科書(答え)を置く。
② 課題が終わった子から順に机に集まらせる。
③ 自分で丸を付けさせる。

💬 なんのためのスキル?

- 自分で学習を進める力を身に付けさせるため。
- 学習につまずいている子にサポートする時間をつくるため。

スキル53 授業の手法
座学が苦手な子も安心できる「お散歩タイム」

🩸 こんなことありませんか？

　板書をしていて，子どもたちの方を振り返ると，座席にいない。探すと，ロッカーの所にいたり，友達の所に行っていたりすることはありませんか？そんな時「何で立ってるの？　早く座りなさい！」と叱責してしまうことでしょう。しかし数分後，また注意することに……。

　授業は，子どもたちが「安心して学べる」ことが大切です。しかし，「席に座らせておく」ことに教師の意識が強く働きすぎているように感じます。

♥ スキルの使用例

　算数の終盤，練習問題をやっている時でした。机間指導しながら，子どもたちにアドバイスしていると，背後で子どもが立ち歩き，仲の良い子の所へ行っていました。すかさず一言「素晴らしい！」と言いました。続けて，「お散歩タイムにしたいと思います。続ける人は，そのまま自分の机で続けてください。自分でやっていてもだめだと思う人は『お散歩』に行きましょう。あなたは，お散歩タイムの一人目です！」と価値付けました。

　ただし合言葉を2つ決めました。
①どんなことを書きましたか？　②（私も）教えてもらって良いですか？

　この2つがあることで，話が脱線していくことを防ぐことができます。どの子も，安心して学びに向かうことができるようになります。

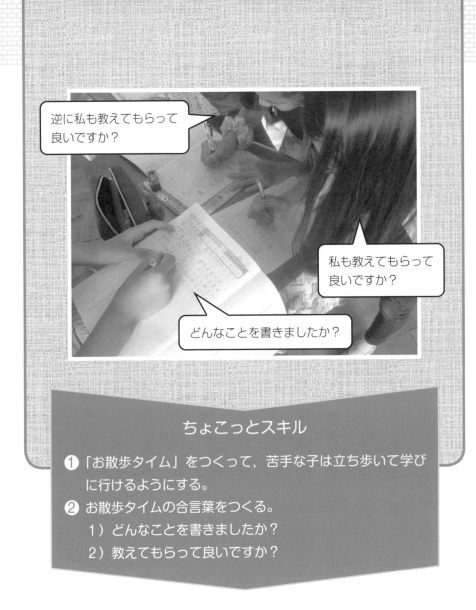

ちょこっとスキル

1. 「お散歩タイム」をつくって，苦手な子は立ち歩いて学びに行けるようにする。
2. お散歩タイムの合言葉をつくる。
   1) どんなことを書きましたか？
   2) 教えてもらって良いですか？

💬 なんのためのスキル？

- 子どもたちが，自分の足で学びの場を見つけられるようにするため。
- 多くの子と一緒の教室で学ぶため。

スキル54 授業の手法
より多くの考えに触れさせる「自由な立ち歩き」

♦ こんなことありませんか？

　道徳では，多面的・多角的な考えに触れることを推奨しています。解の多様性を認め合うことだと解釈しています。しかし，AかBか選ばせた時，隣の友達が自分の考えと毎回違うのでしょうか？「僕もA，あなたもA」だった時，議論に発展するでしょうか？　隣の人と考えが違う，「僕はA，あなたはB」のような状況が毎回生まれるはずがありません。
　また，Bを選んでも理由が違う場合も考えられます。そんな中で，多面的・多角的な視点を子どもたちに持たせることができるのでしょうか？

♥ スキルの使用例

　道徳の授業で，店員さんの立場になって二者択一の問いを出しました。モラルジレンマ的な問いです。子どもたちにAかBか選択させ，理由も考えさせました。
　そして，まずは隣の人同士「どっちを選びましたか？　それはなぜですか？」と対話させました。次に「自由に立ち歩いて，意見の違う人と対話しましょう。」と指示を出しました。その際，「意見が違うから話すんだよ。」「意見が違うんだから，男女が話すこともあるよね。」と付け加えました。
　子どもたちは，白熱した対話をしていました。

ちょこっとスキル

① 全員起立させて，自由に歩かせる。
② 意見の違う人と対話させる。
③ 男女関係なく対話させる。

💬 なんのためのスキル？

- 子どもたちの対話・話し合い活動を活発化させるため。
- 子どもたちの学習のあり方を多様にさせるため。
- 子どもたちの関係性を築くため。

対話的な学びを個人の学びにできる「振り返り」の仕方

♦ こんなことありませんか？

　「今日の授業，とても良い話し合いができた」「子どもたちもとても楽しそう」「授業がとても盛り上がった！」……。しかし，その話し合いで学んだことが定着していませんでした。あんなに充実した話し合いだったのに，なぜ？

　話し合った内容は後には残りません。当然，すぐに頭の中から消えてしまいます。対話的な学びの過程を具体的な言葉で振り返ることで定着させることができます。

♥ スキルの使用例

　算数の授業で話し合いがとても充実していました。話し合いを通して深まった考えや，新しく知った考えを定着させます。
　そこで，このスキルを発動。
　「振り返りで４つのポイントを入れて書きましょう。」
　話し合いの過程を振り返りながら書くことで，ポイントを定着させることができました。

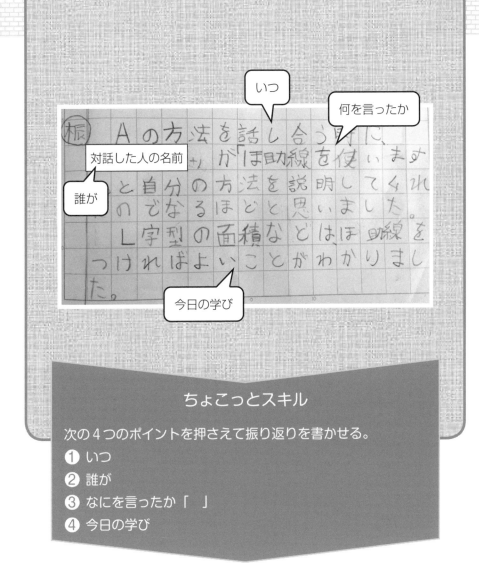

ちょこっとスキル

次の4つのポイントを押さえて振り返りを書かせる。
① いつ
② 誰が
③ なにを言ったか「　」
④ 今日の学び

💬 なんのためのスキル？

- ✓ 対話的な学びの過程を振り返らせるため。
- ✓ 対話的な学びで理解した内容を定着させるため。

指導内容を整理する「今日のポイント」

♦ こんなことありませんか？

　授業をしていて，たくさんのことを教えてしまい，子どもが全くついてこれなかった。あれも，これも教えなきゃいけない！　そう思えば思うほど，子どもの理解が遠のいていく……。こんなことありませんか？
　1回の授業で子どもに教えるポイントを絞ってみてはいかがでしょうか。
　今回は，ここだけは理解させよう！　そう決めて授業を組み立てることで，子どもの理解につながります。

♥ スキルの使用例

　授業を組み立てる時のことです。復習から活用まで，押さえたいポイントがたくさん出てしまいました。組み立てた授業もなんだかスッキリしない……。そこでこのスキルを発動。
　「今日は，2つのポイントに絞って授業を組み立てよう！」
　ポイントを2つに絞ったことで，スッキリとした授業を組み立てられました。子どもにとっても余裕のある活動をさせることができました。

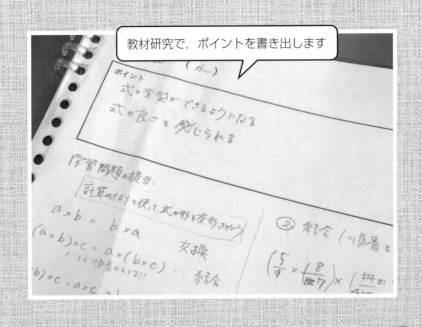

教材研究で,ポイントを書き出します

ちょこっとスキル

① 授業のポイントを絞る。
② ポイントをもとに授業を組み立てる。
③ ポイント以外を教えるのは,我慢する。

💭 なんのためのスキル？

- 指導項目を絞るため。
- 授業の組み立てをシンプルにするため。

１日の授業の見通しをもつための「教卓に教科書の山」

♦ こんなことありませんか？

　授業が始まる時間まであと１分。ギリギリで教室に帰り，号令がかかりました。しかし，自分の準備ができていません。結局２～３分後に，授業がスタートです。
　これは，事前準備がきちんとなされていれば解決する問題です。前日でも当日朝でも構いません。何事も見通しをもった準備が全てなのです。

♥ スキルの使用例

　「今日は授業の準備ができていない。どうしよう。とにかく休み時間の10分でなんとか見通しをもって授業に臨まなくては……」という時のことです。
　朝，とにかく６時間分の教科書を用意しました。そして，順番に重ねておきました。色ペンやハンコも近くに置いておきます。
　するとどうでしょう。授業準備が全くできていなかったはずなのに，ちょっと心に余裕ができたのです。職員室の移動や，日課のチェックをすることなく，「次は，次は……」と授業が終わるごとに教科書に目を通すことができました。

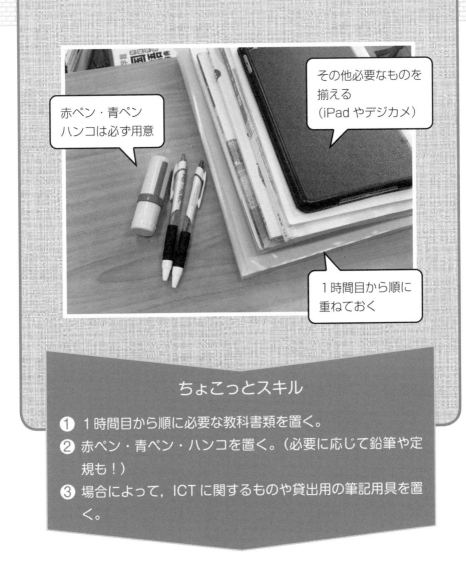

赤ペン・青ペン
ハンコは必ず用意

その他必要なものを揃える
（iPadやデジカメ）

1時間目から順に重ねておく

ちょこっとスキル

❶ 1時間目から順に必要な教科書類を置く。
❷ 赤ペン・青ペン・ハンコを置く。（必要に応じて鉛筆や定規も！）
❸ 場合によって，ICTに関するものや貸出用の筆記用具を置く。

💭 なんのためのスキル？

- 授業の始まりをスムーズにするため。
- 1日の流れを，見通しをもって想定しておくため。

授業力UP

板書の技術を向上させるための「板書の撮影コレクション」

💧 こんなことありませんか？

　板書は授業の流れを整理したり，説明に使ったり，学習の足跡になったり，とても大切です。でも，自分のとった板書を見てみるとわかりづらい……。
　板書の上手な人を真似しても，なかなか思うようにいきません。
　板書の仕方について，学ぶことはできます。しかし，自分のものにするのはなかなか難しいものです。
　板書が上達するために，まずは自分がどういう板書をしているか知ることが大切です。後で見直すことで，改善策をたくさん見つけられます。さらに，板書の写真をコレクションし，反省を積み重ねることで板書のスキルはみるみる上達します。

♥ スキルの使用例

　ある日の算数の授業のことです。その日はなぜか授業が上手くいきました。板書を撮影し，家に帰って反省するとよいポイントがたくさん見つかりました。学習問題，黒板に書かれた子どもの考えの見やすさ，ポイントの押さえ方……。何気なくした板書が効果的だったようです。
　次の日，その気づいたことをおさえて授業をすると，昨日と同じように授業が上手くいきました。さらに反省すると，また気になることが見つかりました……。このように積み重ねることで，授業が上手くなります。

ファイリングして，コレクションにします

気づいたことを書き出します

ちょこっとスキル

① 板書が終わったらすぐに撮影をする。
② 印刷をできるだけ早くする。
③ 上手くいってもいかなくても，とにかく撮影する。
④ 気づいたことを書き出す。
⑤ ファイルにまとめる。

💬 なんのためのスキル？

- 授業力を向上させるため。
- 自分の板書を振り返るため。

客観的に授業を振り返られる「授業の動画で反省」

🌢 こんなことありませんか？

「授業が上手くなりたい！」「でも，みんな忙しそうでなかなか見てもらえない」「授業を見せてもらうのだって難しい……」そんなことはないでしょうか？　授業が上手くなるために他の先生の力を借りる機会を作るのは，難しいです。

でも大丈夫です。自分の力だけで授業力が格段と上がる方法があるのです。それが，「授業の動画で反省」です。

動画で振り返ると，はっきり言って落ち込みます。「こんなにできてないんだ……」でも，動画を見て気づいたことをあげ，改善していくと自分でも驚くくらい，授業が変わります。

♥ スキルの使用例

研究授業の度に，「教師がしゃべりすぎだね。」「子どもをもっと見たほうがいいよ。」「授業がねらいとずれていたよ。」と言われました。自分ではきちんとやっているつもりです。でも，子どもの反応もよくない……。

動画で授業を振り返ると，確かに指摘のあった通りの授業でした。それだけでなく，他の改善点や改善方法もどんどん気づきました。

毎日積み重ねると，自分の成長が実感でき，授業が楽しくなりました。

ちょこっとスキル

① 授業を動画で撮る。
② 気づいたポイントをメモする。
③ ポイントをもとに改善し，また授業を動画で撮る。

💬 なんのためのスキル？

- 授業力をアップさせるため。
- 自分の課題を明確にするため。
- 積み重ねて成長を実感するため。

スキル 60 授業力UP
自己満足で終わらせないための「ミニ授業公開」

♦ こんなことありませんか？

「授業が上手くなりたい」「授業の腕を磨きたい」そう思い，「あの発問はどうだったかな……」「あの切り返しは上手くいったな！」と，なんども振り返りをしました。

しかし，自分一人だけでは限界がきました。新しい切り口が見つからなかったり，振り返りが甘くなったりしたのです。主観でしか授業を見ることができなくなっていました。

そんな時は，少しだけ時間を作ってもらい，授業を見てもらうと新しい気づきがあります。相手にも都合があるので，ポイントを絞り，短い時間で見てもらうと効果的です。

♥ スキルの使用例

まず，A4サイズ1枚に「授業の流れ」を書きます（略案）。大まかな授業の流れを書けばOKです。

そして，略案を職員室で配りました。すると，「見に行っていい？」と言ってくれた先生がいました。

ミニ授業公開を実施するポイントは「見にきていただけませんか？」ではなく，略案を配って「授業を見ていただきたいです」という姿勢を示すことです。

参観していただいた先生に，あとでフィードバックをもらいます

ちょこっとスキル

❶ 単元を選んで，授業の流れ（略案よりも簡単なもの）をA4サイズ1枚で作る。
❷ 略案を職員室で配る。
❸ 自校の先生方にちょこっと（導入の15分など）授業を見てもらう。

💬 なんのためのスキル？

- 授業に他者意識を生み，自分自身の授業を磨くため。
- 見てもらい，他の先生方からアドバイスをもらうため。

おわりに

「授業が楽しみになりましたか？」
　この本を書いている時，本を手にとった方々が「授業を楽しんでいる様子」を思い浮かべました。そして，悩みを解決することはできないかもしれないけれど，「少しでも授業が楽しみになってもらえたら」という一心で書きました。

　授業が上手くなっていく（あえて「上手く」と書きます）ということは，自分でも無意識のうちにスキルを身に付けているということです。無意識にスキルを身に付けていますから，そのスキルをスキルと捉えられず「当たり前」と認識してしまいがちです。

　今回は，そうした無意識のうちにやっている「スキル」を文字に起こしてまとめました。

　髙橋先生と２人で原稿を練っている時，何度も教室を思い浮かべました。何度も授業を振り返りました。そうする中で「スキル」が「単なる技術」ではなくなっていきました。「子どもたち」のためになる「願い」となっていきました。

　そして，原稿を練りながら「明日の授業はこうしてみようかな……」「このスキルを使ったら子どもたちが成長するだろうな……」とワクワクしました。

　そして，このワクワク感こそが「教師」という仕事の魅力なのだと感じることができました。

年間1000時間の授業を毎日毎日行っていると，何のために授業をしているのかわからなくなる時があります。しかも，教師という仕事はそれを毎年繰り返しています。「目的を見失った授業」ほど，楽しくない授業はありません。

　そんな今だからこそ「スキル」を使って授業が楽しくなっていけば，教師も子どももハッピーになれるのではないでしょうか。

「授業が楽しみになりましたか？」

　本書を読んでいただいた先生方が，ワクワクしながら授業されることを願っています。そして，教室に子どもたちの笑顔があふれたら幸いです。

　おわりに，この本の出版に際して背中を押していただいた土作彰先生，明治図書出版の佐藤智恵さん，素敵な機会をありがとうございました。

古舘　良純

【著者紹介】

髙橋　朋彦（たかはし　ともひこ）
1983年千葉県生まれ。現在，千葉県君津市の小学校勤務。文科省指定の小中一貫フォーラムで研究主任を務める。市教育委員会が主催する初任者研修や若手研修で，算数や数学の授業公開をし，講師を務める。教育サークル「スイッチオン」，バラスーシ研究会，菊池道場千葉支部，日本学級経営学会などに所属。算数と学級経営を中心に学ぶ。
［執筆No. 1, 3, 5, 6, 9, 10, 15, 16, 20～24, 26, 28, 32～35, 38～40, 42, 45, 46, 49～52, 55, 56, 58, 59］

古舘　良純（ふるだて　よしずみ）
1983年岩手県生まれ。現在，千葉県木更津市の小学校勤務。バラスーシ研究会，菊池道場千葉支部に所属し，菊池道場千葉支部長を務めている。平成29年度 教育弘済会千葉教育実践研究論文で「考え，議論する道徳授業の在り方」が最優秀賞を受賞。近隣の学校で校内研修（道徳）の講師を務めたり，初任者研修の一環等で道徳授業を公開したりしている。
［執筆No. 2, 4, 7, 8, 11～14, 17～19, 25, 27, 29～31, 36, 37, 41, 43, 44, 47, 48, 53, 54, 57, 60］

授業づくりサポートBOOKS
授業の腕をあげるちょこっとスキル

2019年2月初版第1刷刊	©著　者	髙　橋　朋　彦
2020年6月初版第7刷刊		古　舘　良　純
	発行者	藤　原　光　政
	発行所	明治図書出版株式会社

http://www.meijitosho.co.jp
（企画）佐藤智恵（校正）川﨑満里菜
〒114-0023　東京都北区滝野川7-46-1
振替00160-5-151318　電話03(5907)6703
ご注文窓口　電話03(5907)6668

＊検印省略　　　　　組版所　広 研 印 刷 株 式 会 社

本書の無断コピーは，著作権・出版権にふれます。ご注意ください。

Printed in Japan　　　　　ISBN978-4-18-257914-1
もれなくクーポンがもらえる！読者アンケートはこちらから→